監修者――木村靖二／岸本美緒／小松久男／佐藤次高

［カバー表写真］
将軍の制服を着用したビスマルク

［カバー裏写真］
『兵士たちに栄えあれ』
フランスに勝利をおさめた軍の栄誉を称えるビラ

［扉写真］
ヴェルサイユ宮殿
鏡の間での皇帝即位式

世界史リブレット人65

ビスマルク
ドイツ帝国の建国者

Ōuchi Kōichi
大内宏一

目次

ドイツ帝国の建国者

オットー・フォン・ビスマルク（一八一五〜九八）は十九世紀ドイツの歴史においてもっとも高名な人物といっていいだろうが、その最大の理由は、ドイツを国家的統一へと導いた点にある。まさにそのために、一八七一年にドイツ帝国が成立したのちも二〇年にわたって帝国宰相の職にとどまった彼は、当時のドイツ国民の間でも、ドイツ国外の人びとの間でも、極めて高い権威と名声を享受した。ドイツ帝国が成立して二年後の一八七三（明治六）年に岩倉使節団▲の一員としてベルリンを訪れ、ビスマルクが開いてくれた歓迎の宴に出席した久米邦武▲も、『米欧回覧実記』のなかで、「この侯の威名は、方今世界に轟きて知られたるが如し」と記している。

▼岩倉使節団　岩倉具視を正使、木戸孝允・大久保利通・伊藤博文らを副使として派遣された使節団。明治四（一八七一）年十一月に出発し、アメリカに八カ月滞在したのち、ヨーロッパの一二カ国をまわって明治六（一八七三）年九月に帰国した。

▼久米邦武（一八三九〜一九三一）日本古代史研究の先駆者。岩倉使節団に随行員として加わり、『米欧回覧実記』を著した。このなかで久米は、歓迎の宴でビスマルクがドイツ統一の経験を踏まえておこなった演説を紹介している。

もっとも、少なくともドイツ国内においては、在任中のビスマルクは後述するようにつねに激しい政治的対立の渦中に身をおきつづけていたので、一種の「神話化」ともいえるようなビスマルク崇拝の現象が本格的に展開しはじめたのは、むしろ彼が辞任してからのことだった。彼が晩年を過ごしたハンブルク近郊のフリードリヒスルーの館には多くの人々が敬意を表するために訪れ、ときおり彼が旅行に出かけると群集の歓呼の声に包まれた。また、ハンブルクに建てられた巨大な立像をはじめとして、彼の功績をたたえる数多くの記念碑がドイツ各地につくられ、第一次世界大戦までにその数はおよそ五〇〇に達した。ビスマルクが宰相だった時代に歴史学者となる道を歩んだレンツ▲やマルクス▲も、彼が死去してからそれほどたたないうちに文字による記念碑として彼の伝記を刊行した。

しかしながら、ビスマルクが築いたドイツ国家は、その後激しい変動をへて、一九四五年にはその国家的統一すら失われてしまった。それにともなって、結局はナチスによって支配されることになったこの国家を築き、二〇年間にわたって指導した人物にたいする評価も、大きくゆさぶられることになった。伝記

フリードリヒスルーの館

▼マックス・レンツ（一八五〇～一九三二）　ドイツの歴史家。一九〇二年に『ビスマルクの歴史』を刊行。

▼エーリッヒ・マルクス（一八六〇～一九三八）　レンツとともに「新ランケ派」を代表するドイツの歴史家。一九〇九年に『(一八四八年までの)ビスマルク伝』を刊行。

▼エーリッヒ・アイク（一八七八〜一九六九）　弁護士のかたわら左派自由主義の系譜を引く進歩人民党やドイツ民主党に入党して政治的文筆家としても活動。ユダヤ系であったので、一九三七年にイギリスに亡命。一九四一〜四四年に三巻の『ビスマルク　生涯と事業』を刊行。

的研究の分野で、そのような評価の転換を代表したのが、ナチ時代に亡命したアイク▲が著した大著だった。アイクは、ビスマルクが自らの敵とみなし、そして彼との政治的闘争に敗れた自由主義左派の立場を継承する人であり、明確に批判的な観点からビスマルクを論じた。保守的な傾向が強かった戦後西ドイツの歴史学界はおおむねアイクのビスマルク伝に批判的だったが、その西ドイツの歴史学界のなかにも一九六〇年代後半ころから変化が生じて、ビスマルクをナチス・ドイツにつうじる線上において評価しようとする傾向が強まった。

現在の歴史学者たちによるビスマルク評価はだいぶ落ち着いてきている。「偉人伝」の伝統のもとで彼をひたすら賛美しようとする人も、彼をヒトラーの直接的な先駆者と位置づけようとする人も、ほとんどいない。むしろ、ビスマルクという政治家が「政治的天才」であったことを認めながらも、彼個人と彼を取り巻いていた状況との関わり、すなわち、どのような状況が彼の活動を可能とし、彼の活動によって生み出された状況がどのような性格のものだったのかという問いが、関心の中心を占めるようになっているといっていいだろう。本書もそのような問いを念頭におきながら、ビスマルクという人物を紹介していきたい。すなわち、(1)どのような状況のもとで彼はプロイセンの指導者となれたのか、(2)どのような状況が彼の指導のもとでのドイツ帝国の建国を可能としたのか、(3)彼がつくりだして指導した国家はどのような性格のものであり、どのような状況を生み出したのか、これら三つの問いが、このささやかなビスマルク論の中心となる。

①—プロイセン首相への道

ユンカーと官僚の血を受け継いで

オットー・エードゥアルト・レーオポルト・フォン・ビスマルク＝シェーンハウゼンは、一八一五年四月一日、現在のザクセン＝アンハルト州の北部にあるシェーンハウゼンの館で生まれた。四番目の子どもだったが、上の二人はすでに亡くなっていたので実質的には次男だった。大農場を経営するプロイセン▲の地主貴族は一般にユンカーと呼ばれたが、ビスマルク家は古いユンカーの家系▲であり、オットーの父親フェルディナントもプロイセン軍に騎兵将校として勤務したのちは農場の経営にあたっていた。これにたいして母親のヴィルヘルミーネは、学者を輩出していた市民身分のメンケン家の出身で、彼女の父親のアナスタージウス・メンケンは、プロイセンの三代の王に仕えた高級官僚だった。平貴族であるユンカーと市民身分出身の官僚とはプロイセンの絶対王政を支える重要な支柱という点では共通していたが、前者が「農村の世界」に属し、後者が「首都の世界」に属していたという意味では対照的な面をもっていた。

▼プロイセン　ラテン語ではボルシア。もとはドイツ騎士団領だったが、宗教改革時にホーエンツォレルン家出身の騎士団長が改宗してプロイセン公国となり、やがてブランデンブルク選帝侯国と合体し、一七〇一年に王国に昇格した。プロイセンはもとはドイツ騎士団に滅ぼされた部族の名称。

▼ユンカーの家系　それゆえ、ビスマルクは平貴族の出身だったが、のちに一八六五年に伯爵、七一年に侯爵、辞任時にラウエンブルク公爵の位を授けられた。

そのような対照的な両親の間に生まれたことがオットーの人格形成に重要な影響をおよぼしたとみる点では、ほとんどのビスマルク伝の著者たちの見解が一致している。

　オットーが生まれたのは、ちょうどプロイセン王国とドイツが新たなかたちで出発しようとした時期でもあった。彼が生まれてほぼ二カ月後にウィーン会議▲が閉会して、ウィーン体制がかためられたのである。フランス革命が始まる前に比べてプロイセンは領土を拡大し、ヨーロッパの五大国▲の一つという地位に復帰した。しかし、力の点では五番目に位置する大国だっただけでなく、ザクセン王国▲の全体を併合するというプロイセンの希望が受け入れられず、かわりにライン地方に領土を与えられた結果、王国の領土は一つにつながらないで大きく二つに分かれるという不自然な領土状態がつくりだされてしまった。そのためにプロイセンはもっとも現状にとどまることが難しい大国となってしまったのである。このことを、首相に就任した直後のオットー（以下、ビスマルクとする）は、名高い「鉄血演説」（二四頁参照）のなかで、「ウィーンの諸条約によるプロイセンの境界は、健全な国家生活にとって好ましいものではない」とい

▼ウィーン会議　ナポレオンが打倒されたあとのヨーロッパの国際秩序を定めるために、メッテルニヒ（一七七三〜一八五九）が議長を務めるもとで一八一四年九月から一五年六月まで開催された。オスマン帝国以外のすべてのヨーロッパ諸国が参加したが、事実上の決定権をもっていたのは、ロシア・イギリス・オーストリア・プロイセンの四大国だった。

▼ヨーロッパの五大国　十八世紀以来のヨーロッパで大国（列強）に数えられるのはイギリス・フランス・オーストリア・ロシアであり、オーストリアからシュレージエン地方をフリードリヒ大王が奪ってプロイセンが五番目の大国として加わったが、ナポレオンに敗れてナポレオンの失脚まで大国の地位を失っていた。

▼ザクセン王国　首都はドレスデン。選帝侯国だったが、ナポレオンによって王国に昇格した。ドイツの主要国のなかではもっとも遅い時期までナポレオンに忠実だったので、プロイセンが併合を求めた。

●—ビスマルク一家の肖像

カール・ヴィルヘルム・フェルディナント・フォン・ビスマルク＝シェーンハウゼン（一七七一～一八四五）　オットーの父。一二歳のときからプロイセンの軍隊生活を送り、二三歳で騎兵大尉を退役して、農場経営者となった。

ヴィルヘルミーネ・ルイーゼ（一七八九～一八三九）　オットーの母。ベルリンで育ち、少女時代は王宮にも出入りしていた。一七歳でフェルディナントと結婚。

ベルンハルト（一八一〇～九三）　オットーの兄。プロイセン軍を少尉で退役したのちに農場経営者となり、一八四〇年に郡長となる。一八七〇年からプロイセン下院議員としても活動。

11歳のオットー

う言葉でいいあらわすことになる。さらに、西のライン・ヴェストファーレン地方を領有したことは、これも後述するように(二八頁参照)、のちのビスマルクの活動を支える重要な条件をもたらすことになる。ライン地方はドイツのなかでも先進地域だっただけでなく、豊富な石炭に恵まれたこの地はやがてドイツ最大の工業地域に変貌していったからである。一方、ドイツの地域にはおよそ四〇の独立国家からなる国家連合組織であるドイツ連邦▲が結成された。加盟各国の公使によって構成される連邦議会▲のみを中央機関としてもつこの国家連合は、ドイツの国家的統一を望む人びとからみれば極めて不十分な組織だったが、同時に、ヨーロッパの大国でもあるオーストリアとプロイセンとの双方をかかえているという点でも不自然な組織だった。オーストリア代表が連邦議会の常任議長を務めると定められていたように、当初はオーストリアがプロイセンよりも優位を占めるのが当然と考えられていたのだが、プロイセンがそのような状態にあまんじることを拒否したとき、この組織は崩壊の危機に直面せざるをえなかった。このような問題をかかえたドイツ連邦が、のちのビスマルクの活動の場となる。

▼**ドイツ連邦**　「ドイツ同盟」という訳語があてられる場合もある。実態からいえば、そのほうが適切かもしれない。

▼**連邦議会**　神聖ローマ帝国と縁の深い都市国家フランクフルト・アム・マインに設置された。

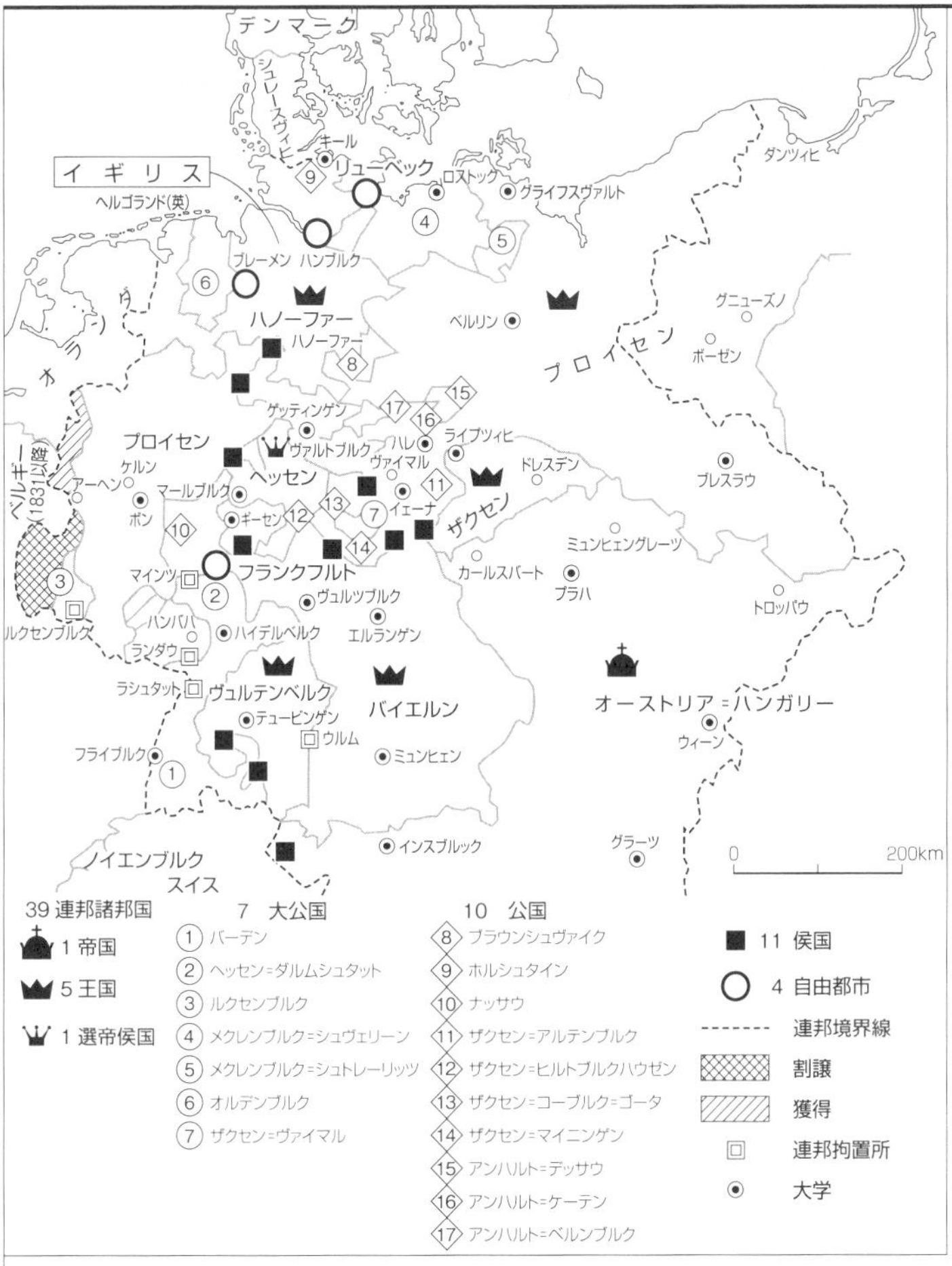
デンマーク
シュレースヴィヒ
キール
イギリス
リューベック
ロストック
グライフスヴァルト
ダンツィヒ
ヘルゴランド(英)
ブレーメン
ハンブルク
オランダ
ハノーファー
ハノーファー
ベルリン
グニューズノ
ポーゼン
プロイセン
ゲッティンゲン
プロイセン
ケルン
ヴァルトブルク
ハレ
ライプツィヒ
ヴァイマル
ドレスデン
ブレスラウ
アーヘン
マールブルク
ヘッセン
ザクセン
ベルギー(1831以降)
ボン
ギーセン
イェーナ
ミュンヒェングレーツ
マインツ
フランクフルト
カールスバート
プラハ
ルクセンブルク
ヴュルツブルク
トロッパウ
ハンバハ
ハイデルベルク
エルランゲン
ランダウ
ラシュタット
ヴュルテンベルク
バイエルン
オーストリア＝ハンガリー
テュービンゲン
ウルム
ウィーン
フライブルク
ミュンヒェン
インスブルック
グラーツ
ノイエンブルク
スイス
0
200km
39 連邦諸邦国
1 帝国
5 王国
1 選帝侯国
7 大公国
① バーデン
② ヘッセン＝ダルムシュタット
③ ルクセンブルク
④ メクレンブルク＝シュヴェリーン
⑤ メクレンブルク＝シュトレーリッツ
⑥ オルデンブルク
⑦ ザクセン＝ヴァイマル
10 公国
⑧ ブラウンシュヴァイク
⑨ ホルシュタイン
⑩ ナッサウ
⑪ ザクセン＝アルテンブルク
⑫ ザクセン＝ヒルトブルクハウゼン
⑬ ザクセン＝コーブルク＝ゴータ
⑭ ザクセン＝マイニンゲン
⑮ アンハルト＝デッサウ
⑯ アンハルト＝ケーテン
⑰ アンハルト＝ベルンブルク
11 侯国
4 自由都市
連邦境界線
割譲
獲得
連邦拘置所
大学
●—ドイツ連邦（一八一五〜四八年）

●—シェーンハウゼンの生家（正面入り口）

少年期から青年期にかけて、ビスマルクの進むべき進路を定めたのは、父親ではなくて母親のほうだった。明らかに知性において夫よりもまさっていたヴィルヘルミーネは、自分の息子に、夫のようなユンカーとなる道ではなくて彼女の父親のように官僚となって、やがてはプロイセン国家を担う道を歩ませたいと望んでいた。そのためにビスマルクは六歳のときから、兄のベルンハルトと同様にベルリンの寄宿学校に送り込まれ、ベルリンの名門ギムナジウム▲を修了して、最初はゲッティンゲン大学、ついでベルリン大学の法学部で学んだ。官僚への道を歩むためには国家試験に合格せねばならず、そして国家試験の受験資格をえるためには法学部に一定期間在籍する必要があったからである。大学生時代のビスマルクは勤勉な学生というにはほど遠かった。ゲッティンゲン時代には宴会と決闘▲を好む学生組織に所属して奇矯な振舞いで知られていたし、ベルリン時代にはもっぱら国家試験の受験対策の授業にだけ出席していたらしい。それでも二度にわたる国家試験に合格して、一八三六年、二一歳のときにアーヘン県庁で試補としての勤務を開始し、母親が期待していたとおりに官僚となる道の第一歩を踏み出した。

▼ギムナジウム　古典語、とくにラテン語教育に重点をおいたエリート教育施設。この修了試験に合格すれば大学に入学することができた。

▼決闘　ビスマルクはゲッティンゲン大学に在学していた三セメスター(一年半)の間に二五回フェンシングによる決闘をおこなっている。

一八三六年当時のビスマルク

挫折してユンカーに

　しかし、ビスマルクは歩みはじめた道から早々に脱落してしまう。彼はイギリス人牧師の娘と恋に落ち、与えられた休暇の期間が切れたあとも、おそらくは彼女の家族と一緒に数カ月の間各地を旅行してまわったのである。そのためにアーヘン県庁にもどれなくなったビスマルクは、一八三七年の末に勤務先をポツダム県庁に変えたが、翌三八年三月から一年志願兵▲として兵役をすませるために軍隊にはいった。そしてその年の夏に、癌の宣告を受けた母親にたいして自分は役所勤めに向いていないことを強く訴え、父親から兄のベルンハルトとともに農場をゆずってもらうことになった。

　こうしてビスマルクは、母親が重病になると同時に母親が指定していた道からはずれて父親と同じユンカーの世界にもどっていったのである。それは、彼が以前からあこがれていた世界であった。のちに大臣・宰相としてのビスマルクは部下の作成する文書の一言一句をも厳しくチェックする上司となるが、若いときの彼は、はてしないデスクワークをたえがたい苦痛と感じて、自分は農

▼**一年志願兵**　一定以上の学歴がある者は、費用自弁を条件として一年間の勤務だけで兵役をすますことができた。

場の経営のほうにはるかに向いていると考えていた。実際、農場経営者としての彼はかなりの手腕を発揮して、かたむきかけていた農場を立て直すことに成功した。

ところが、彼はまもなく、たんなるユンカーであることに安んじえない自分を発見することとなった。おそらく母親の知性を受け継いでいたビスマルクは、周囲のユンカーたちに自分の真価を理解されていないと感じて、彼らの愚かさを上回るような愚かさを演じてみせることで、彼らから一目おかれる存在になろうとしたのだろう。他のユンカーたちから「気違いビスマルク」と呼ばれるような時期が続いた。そのような彼に心の平安を与えようと考えたのが、素朴な信仰を重視する敬虔《けいけん》主義のグループに属していたビスマルクの幼馴染みのブランケンブルクと、その婚約者であるマリーだった。ビスマルクは明らかに敬虔主義よりもマリーに魅かれて彼らのグループに出入りするようになったのだが、そこで二人にヨハナを紹介された。モーリッツと結婚したマリーが疫病のために急死したあとに、ビスマルクはヨハナと婚約することになるのだが、ヨハナの父親に婚約の許可を求めた有名な書簡のなかでビスマルクが記している

▼農場の経営　当初ビスマルクは兄とともにポメルン州の三つの農場の経営にあたったが、父親が亡くなるとポメルンの農場は兄にゆずり、ザクセン州のシェーンハウゼンに移った。

▼敬虔主義　十七世紀後半にルター派教会のドグマ信仰を批判して聖書への素朴な信仰と敬虔な心とを重視する運動として始まったが、しだいにプロテスタント保守派の一部分という性格を強めた。

▼モーリッツ・フォン・ブランケンブルク（一八一五〜八八）　農場経営者。保守派の議員としても活動した。

▼マリー・フォン・タッデン（一八二二〜四六）　一八四四年にブランケンブルクと結婚するが二年後に死去。

▼ヨハナ・フォン・プトカマー（一八二四〜九四）　農場経営者ハインリヒ・フォン・プトカマーの一人娘。一八四七年にビスマルクと結婚。

一八五七年当時のヨハナ

ところによれば、マリーが危篤状態になったという知らせを受け取ったときに、彼ははじめて神に無心に祈ることを知り、そしてそれ以来「祈る力を二度と失うことがなかった」という。ヨハナは社交が苦手な地味な女性だったが、一八四八年に娘マリー、四九年に長男ヘルベルト、五二年に次男ヴィルヘルムが生まれ、安定した家庭が築かれた。マリーをとおしてヨハナという生涯の伴侶をえたことで、ビスマルクは私生活において安らぎの場を手にいれたのである。

政治の世界へ

ビスマルクがヨハナと結婚したのは一八四七年七月だが、その数カ月前に彼はプロイセン領ザクセン州の「騎士身分」から選出された補欠議員として連合州議会▲に出席して、はじめて政治の世界と積極的な関わりをもつようになっていた。当時のプロイセンには憲法がなく、したがって国民を代表する全国議会も存在せず、各州に身分制議会が設置されていただけだった。しかし政府が新たな費用を必要としたために、全国議会にかわるものとしてすべての州議会の議員たちをベルリンに集めたのだが、議員たちの多くはもはや身分の代表とい

▼**連合州議会**　一八四七年四月に召集され、六月に閉会された。三月革命後の一八四八年四月にもう一度開かれ、プロイセン国民議会の選出を決めた。

うよりも国民の代表という意識をもって、先代の王以来の憲法制定という約束をはたすよう迫った。そこでプロイセン王フリードリヒ・ヴィルヘルム四世▲は費用の調達をあきらめて連合州議会の閉会を命じた。このことが翌年のベルリン三月革命▲につうじていく底流の一つを形成することになる。三月革命に始まる一八四八年から四九年の革命は結局は失敗に終わるが、なんの成果もあげなかったわけではなく、四八年十二月には、欽定《きんてい》とはいえプロイセン憲法が制定されてプロイセンの政治体制は大きく近代化された。そのような政治体制の変動のなかで、ビスマルクは、一八四七年の連合州議会のときから、自由主義派や民主主義派の人びとから「保守反動」ないし「極右」とみなされる立場を一貫してとりつづけた。すなわち、一八四七年の連合州議会や三月革命後に再開された連合州議会、そして憲法制定後に新たに設置された下院において「保守反動派」の若手論客として名をあげ、保守派の代表的な新聞となる通称『十字章新聞』▲の創刊に参加するとともに論説を寄稿し、ユンカーたちの利益代表組織である土地所有利益擁護協会の設立に参加した。したがって、彼はいわばプロイセンの政治体制の近代化に抵抗する側に身をおきつづけていたのだが、重

▼フリードリヒ・ヴィルヘルム四世（在位一八四〇～六一）　プロイセン王。即位当初は保守的で厳格な父王フリードリヒ・ヴィルヘルム三世と異なり新たな動きをもたらしてくれるだろうと期待されたが、本来「玉座のロマン主義者」と評されたように中世的な過去を理想視する人物で、まもなく多くの人びとを失望させることとなった。

▼ベルリン三月革命　フランス二月革命の影響を受けてドイツ各地でほぼ同時発生的に起こった三月革命の一つ。ベルリンでは三月十八日に市街戦が起こり、翌日にフリードリヒ・ヴィルヘルム四世が屈服し、自由主義的な内閣を任命するとともにドイツ統一への支持を表明した。

▼『十字章新聞』　『新プロイセン新聞』が正式な紙名だが、鉄十字章をタイトルに掲げていたのでそう呼ばれた。ヴァイマル共和国期にいたるまで保守派の代表的な新聞となった。

要なことは、そのさいに議会・新聞・協会▲といった近代的な政治的手段を利用し、そこでの活動をとおして政治的に注目を集める人物になったのだということである。革命をへて政治体制の近代化へと向かった大きなうねりが、高級官僚となって国家を担うという道をめざして早々に挫折した人物に、権力の中枢に参画するための新たなルートを開いてくれたのだった。

　もっとも、革命の挫折によって王の権力がふたたび立て直されたので、ビスマルクが高官の地位を手にいれるためには、王の側近たちによる王への働きかけを必要とした。その役割をはたしてくれたのが、ゲルラッハ兄弟▲を中心とする「側近党」と呼ばれるグループだった。フリードリヒ・ヴィルヘルム四世は、フランクフルトのドイツ国民議会が採択したドイツ憲法にもとづく帝冠の受諾を拒否したのち、ラードヴィッツ▲が指揮するもとで、オーストリア以外のドイツ諸侯との同盟によってプロイセン中心の連邦国家を建設しようとする、いわゆるウニオン政策を推進したが、オーストリアばかりでなくロシアの強い抵抗に遭い、一八五〇年十一月にオルミュッツ協定▲を結んでウニオン政策を放棄し、翌年にドイツ連邦が正式に復活した。それにともなって、下院でウニオン政策

▼協会　人びとが自由意志にもとづいて結成する組織のことであり、近代的な市民社会を代表する組織形態とされる。

▼ゲルラッハ兄弟　兄のレーオポルト（一七九〇～一八六一）は将軍で王の侍従武官長。弟のエルンスト・ルートヴィヒ（一七九五～一八七七）は裁判官でマクデブルク高等裁判所長を務めた。

▼ラードヴィッツ（一七九七～一八五三）　ハンガリーの貴族の家系に生まれ、プロイセンに勤務して将軍となり、外交官として活動した。ウニオン政策を推進し、一八五〇年九月から十一月まで外相を務めた。

▼オルミュッツ協定　一八五〇年十一月二十九日にオルミュッツ（現チェコのオロモウツ）でプロイセン・オーストリア・ロシア三国の代表が結んだ協定。プロイセンの主導によるドイツ統一を望んでいた人びとからは「オルミュッツの屈辱」と呼ばれた。

▼ロシア駐在公使　実質的には大使。当時は大使（ボートシャフター）という称号はまだ用いられていなかった。フランス駐在公使も同様。

の放棄を擁護する演説をおこなって「側近党」からふたたび高く評価されたビスマルクが、復活したドイツ連邦議会でプロイセンを代表する公使に任命された。その後、一八五九年にはロシア駐在公使、▲そして六二年にはフランス駐在公使に転じる。当然のことながら、これは露骨な党派的人事と受け止められた。それまで外交官としてのキャリアをまったくもたなかった人物が、極めて重要な外交官のポストにいちやく抜擢されたのだからである。

しかし、保守主義の陣営に属しながらも、実際にはビスマルクはいくつかの点でプロイセンの通常の保守主義者とは根本的に異なる考えをもつ人物だった。そのために、結局彼は当初彼の後見人的な立場にいたゲルラッハ兄弟たちと決別することになるのだが、以下、一八五〇年代の彼の発言を手がかりとしながら、それらの点を確認してみたい。

ビスマルクはウニオン政策の放棄を擁護した先述の演説のなかで、「大国の唯一健全な基盤をなし、かつ小国と本質的に分かつものは、国家エゴイズムなのであって、ロマン主義などではない」と宣言した。フランス革命との原理的対決から出発した十九世紀ヨーロッパの保守主義にとっては、例えば「正統主義▲」や「キリスト教国家▲」といった言葉で表現される一定の原理が国と国との関係においても尊重されるべきであった。これにたいして、ビスマルクは「国家エゴイズム」、すなわち彼が仕えるプロイセン国家の利害こそが対外政策の決定的な土台となるべきだと考えていたのである。これが第一の相違点だった。

　第二の相違点は、オーストリアにたいする姿勢に関連していた。同じ演説のなかで、ビスマルクは、「プロイセンとオーストリアとが共同で、かつそれぞれが自主的に判断して至当かつ政治的に正しいと判断したことが、これらドイツの同等の保護国である両国の手で共同で実施される」べきだと主張している。すなわち、ドイツ連邦においてプロイセンはオーストリアにたいして少なくとも完全に対等な立場に立つべきだと考えていたのである。実際、連邦議会におけるプロイセン代表としてのビスマルクは、議場で葉巻を吸う権利▲のような些細な事柄にいたるまでオーストリアと張り合おうとする姿勢を強調した。一方、プロイセンの正統的な保守主義者は、ときにはオーストリアに不満をいだきながらも、オーストリアとの保守的連帯のほうを重視する傾向にあった。

　第三の相違点は、ナポレオン三世▲が統治するフランスにたいする姿勢の違い

▼正統主義　フランス革命以前に統治していた君主の家系のみが正統な支配者として尊重されるべきであるという立場。

▼キリスト教国家　キリスト教の教えと神の法を国家の土台とするべきだという主張で、この時期にはシュタール（一八〇二～六一）の国家論に代表される。

▼葉巻を吸う権利　オーストリア代表だけが葉巻を吸うのが慣行だったが、ビスマルクが慣行を無視すると他の諸国の代表たちも競って吸いはじめたという。

▼ナポレオン三世（シャルル・ルイ・ナポレオン・ボナパルト、一八〇八～七三、在位一八五二～七〇）　ナポレオン一世の甥。二度クーデタを試みて失敗したが、一八四八年に帰国して大統領に当選。一八五一年十二月にクーデタを起こして独裁的権力を握り、一年後に国民投票をへて世襲の「フランス人の皇帝」に即位。

▼**イタリア統一戦争**　一八五九年五月にサルデーニャ王国がフランスと組んでオーストリアと開戦。七月にナポレオン三世がオーストリアとヴィラフランカ仮講和条約を結んで戦争は短期間で終結したが、サルデーニャはロンバルディア地方を獲得。翌一八六〇年にサヴォイアとニースをフランスに譲渡したものの住民投票をへて中部イタリアを併合し、さらにガリバルディ（一八〇七～八二）が征服して献上した南イタリアをもち合わせて、六一年にヴィットーリオ・エマヌエーレ二世を王とするイタリア王国が成立した。

イタリア統一戦争後のイタリア王国

にあった。レーオポルト・ゲルラッハに宛てた書簡のなかで、ビスマルクは、「フランスはパートナーとしてはたしかにどの国よりも問題のある相手」だろうが、「六四目のうち一五目がはじめから使えないというのではチェスをやることはできないだろうから」、フランスと提携するという「可能性は保持しておかなければならない」と主張している。プロイセンの通常の保守主義者のヨーロッパ国際関係観では、ロシアが保守主義原理の最大の砦であるのにたいしてフランスは革命原理の母国であり、しかも二人のナポレオンは革命をとおして権力を握った忌むべき支配者だった。したがってゲルラッハ兄弟たちにとってはフランスと手を結ぶというのはありえない考えだったのだが、ビスマルクはプロイセンの「国家エゴイズム」の立場からナポレオン三世とも手を結ぶ可能性を保っておこうとしたのである。

一八五九年に、そのナポレオン三世がサルデーニャ王国の側に立ってオーストリアと戦ったイタリア統一戦争▲が起こると、当時ロシア駐在公使だったビスマルクは、この機をとらえて、「ドイツ王国」、すなわちドイツの国家的統一の実現という旗印を掲げてオーストリアを背後からおそうべきだと進言した。こ

▼**王弟ヴィルヘルム**（ヴィルヘルム一世、在位一八六一〜八八）　プロイセン王フリードリヒ・ヴィルヘルム三世の次男。長らく軍人として勤務し、一八五八年に摂政、六一年にプロイセン王、七一年にドイツ皇帝をかねる。

こにあらわれているのは、ドイツ・ナショナリズムを利用してオーストリアにたいするプロイセンの優位を確定的なものにしようという考えであり、それが第四の相違点だった。「国民」と「国家」とがかさなり合う「国民国家」（ネイション・ステート）をつくることをめざすナショナリズムは、とりわけ多数の主権国家が現実に存在しているドイツのような地域においては、正統主義を信奉する保守主義の原理とはあい容れないものだった。ところがビスマルクはドイツ・ナショナリズムを、プロイセンの「国家エゴイズム」に役立てることができると考えていたのである。

軍制改革をめぐる対立

以上のような相違点がしだいに表面化したことで、ビスマルクと「側近党」グループとの関係も疎遠になる方向をたどったが、そのことでビスマルクの地位がただちに危うくなることはなかった。一八五八年にフリードリヒ・ヴィルヘルム四世の精神状態が悪化して王弟のヴィルヘルム▲が摂政になり、それとともに「側近党」の影響力も失われたからである。しかし、ヴィルヘルムのもと

ケーニヒスベルクでのヴィルヘルム一世の戴冠式（一八六一年、A・v・メンツェル画）

▼在郷軍　徴兵からもれた人びとや兵役を終えた人びとによって構成され、普段は市民生活を送り一年に数週間軍事訓練を受けた。一八四八／四九年の革命時には革命派に共鳴した部隊もあった。

で穏健自由主義派の政権が成立したことは、当面ビスマルクの政治的地位の向上をもたらしたわけでもなかった。大臣候補として取り沙汰されることはあったものの、極端な強硬手段をとることをも辞さない人物という評判が、彼を起用する障害となった。実際にビスマルクがプロイセンの首相兼外相として登用されるためには、陸軍の改革をめぐる摂政（一八六一年から王ヴィルヘルム一世）とプロイセン下院との対立が、完全な行詰りに陥るという例外的な状況を必要としたのである。

プロイセンの陸軍は、ウィーン体制が発足したときの一五万の規模のままにすえおかれていたので、人口が増加しつづけるもとでできるだけ多くの数の兵士を養成するために、本来は三年間であった現役勤務期間が実質的に二年間に切り詰められていた。若いときから軍人として勤務していた摂政は陸軍の改革を決意したのだが、改革案の骨子は、(1)陸軍の規模の拡大、(2)三年勤務制への復帰、(3)在郷軍▲（ラントヴェーア）の役割の縮小、の三点からなっていた。摂政が就任してから自由主義派が多数を占めるようになっていた下院は、陸軍を増強することそのものにはかならずしも反対ではなかったが、(2)と(3)には強く抵抗した。ほとんどの人びとにとって徴兵されて兵舎で勤務することは職業生活が中断されることを意味したので、従来の二年間からさらに一年延長されれば大きな影響を受けざるをえなかったし、徴兵されなかった人びとや現役勤務を終えた人びとによって構成される在郷軍は、プロイセン改革の精神を受け継ぐ市民の軍隊と考えられていたからである。下院との間で妥協の試みもおこなわれたが、ヴィルヘルムがとくに三年勤務制に固執したために、結局妥協は成立しなかった。当初は暫定的な支出を認めていた下院の自由主義派は、一方的に軍制改革が進められていく現実に直面して態度を硬化させ、政府の予算案から軍制改革に関連する費目を削除しようとした。憲法によると正規の予算が成立するためには王(政府)と上院・下院の三者の合意が必要だったが、一八六二年の九月には、下院多数派の反対で予算が成立しえないのは必至という異常な状況が出現したのである。窮地に立ったヴィルヘルムは、自由主義派に好意的と評されていた王太子フリードリヒ・ヴィルヘルム▲に譲位することを考えたが、王太子に拒否され、結局陸軍大臣ローン▲の推挙にもとづいてビスマルクを首相兼外相▲に任命したのだった。

▼**フリードリヒ・ヴィルヘルム**(一八三四〜八八)　ヴィルヘルム一世の長男。ヴィクトリア女王の長女を后とし、自由主義派とイギリスに共感しているという評判をえていた。一八八八年にフリードリヒ三世として即位したが、喉頭癌のため在位九九日で死去。

▼**ローン**(一八〇三〜七九)　プロイセンの軍人で、軍制改革を委ねられて一八五九年に陸相に任命され、七三年まで在任。一八七三年一月から十一月は首相もかねた。一八七一年に伯爵、七三年に元帥となる。

▼**首相兼外相**　一八六二年九月二十三日に暫定首相に任命し、十月八日に正式に首相兼外相に任命した。

なぜプロイセンの首相になれたのか

これまでみてきたことを、もう一度振り返っておこう。ユンカーの家に生まれたビスマルクがプロイセンの指導者に登り詰めるためには、彼の母親が想定した道、すなわち官僚あるいは外交官として勤務して経歴をかさねていくことがもっとも堅実で通常の道だったといってよい。しかし、ビスマルクはその道を歩むことに失敗した。失敗した彼に新たな可能性を提供してくれたのが、革命と、その結果としての近代的な立憲君主政への移行だった。この移行のプロセスのなかで、ビスマルクは、議会や新聞や協会といった近代的な政治活動の手段を利用しながら、一貫して王権と反革命の側に立つ「党派人」として名をあげて、高位の外交官に登用されることになった。そして、その外交官としてのキャリアを足がかりとして、立憲君主政が王と下院との対立で深刻な危機に陥ったとき、王を窮地から救うことを全面的に約束して首相のポストを王から提供されたのである。

以上のような歩みからはビスマルクという政治家の二面性が読み取れるだろ

う。すなわち、政治の近代化の波に乗って上昇していったという側面と、その近代化のプロセスのなかであくまでも伝統的な君主権力の側に身をおくという側面との二面性である。後者の側面もそれ自体独特な二面性をはらんでいたといってよい。というのは、首相に任命されるときにビスマルクはヴィルヘルムに、「主君が危地に陥っているのを目にしたブランデンブルク選帝侯▲の家臣のような気持ち」をいだいているといって絶対的な忠誠を誓っているのだが、その彼はプロイセンの「国家エゴイズム」の名のもとに君主個人をもこえた国家の権力を重視する人物、そしてそれとともにその国家を率いる自分自身の権力を追求する人物だったからである。こののち、首相・宰相としてのビスマルクはヴィルヘルムと何度も衝突するが、結局はそのつどヴィルヘルムはビスマルクの判断を尊重した。しかし、孫のヴィルヘルム二世の場合には祖父とまったく異なっていたのであり、やがてそのためにビスマルクは権力を失うことになる。

▼**ブランデンブルク選帝侯**　ブランデンブルク辺境伯は七選帝侯の一人となったのでこう呼ばれることもあった。一四一五年からホーエンツォレルン家がブランデンブルク辺境伯となり、やがてプロイセン公国と統合された。

▼鉄血演説　予算委員会でおこなわれたので、速記議事録がとられなかったが、新聞に掲載された。ほとんどの部分は間接話法で記されているが、もっとも有名な箇所は直接話法で記されている。

▼鉄と血　鉄は武器、血は兵士を指す。演説ではこのとおりの表現だったのだが、ドイツ語では非難の意味を込めて「血と鉄」という順序を逆にした表現が流布されるようになった。

②―ドイツ統一への道

プロイセン憲法紛争

暫定首相に任命されてまもない一八六二年九月三十日の下院予算委員会でビスマルクがおこなった演説が、いわゆる「鉄血演説▲」である。このなかで、ビスマルクは、「ドイツが注目しているのはプロイセンの力なのである」といい、「現下の大いなる諸問題が決せられるのは、演説や多数決によってではなくて――これこそが一八四八年と一八四九年の大きな間違いだったのだが――鉄と血▲によってなのである」と述べた。この演説の本来の意図は、下院多数派に和解を申し出て、予算案の否決を阻止することにあったと考えられる。ビスマルクは、さきに述べたように(六頁参照)プロイセンが現在の国境にとどまりがたいことを認め、「一八四八年と一八四九年」に追求されたドイツの国家的統一という目標を認めたうえで、それを「鉄と血」によって実現するために陸軍改革が必要であることを説得しようとしたのだと解釈できるからである。しかし、下院の自由主義者たちは「演説や多数決」への蔑視や「鉄と血」という言葉に強く反発して、政府提出の予算案を否決した。

　憲法には予算が成立しなかった場合にかんする規定が欠けていたもとで、下院多数派の側は王が下院と合意しうる政府を任命するべきだと主張し、一方、ビスマルク政府の側は、国家を存続させるために政府には支出をおこなっていく義務があると主張して、正規に成立した予算がない状態での統治を続け、公務員である下院議員への処分やジャーナリズムへの規制強化などの抑圧策▲を展開した。形式的には憲法の解釈をめぐる問題が争点となっていたので、このようなビスマルク政府と自由主義派との抗争をプロイセン憲法紛争といい、プロイセン・オーストリア(普墺《ふおう》)戦争が終結するまで続いた。

　憲法紛争の渦中にプロイセンは最初にデンマーク、ついでオーストリアとの戦争に勝利をおさめ、さらにフランスとの戦争によってドイツの国家的統一を実現していく。この過程でたしかにビスマルクは極めてたくみな対外政策を展開していくが、彼がそのさいに直面した具体的な状況はかならずしも彼が計画的につくりだしたものではなかったし、いっそう重要なことは、彼の行動を可能とするような基本的な状況が彼個人の思惑とは別個のところで生み出されて

▼**抑圧策**　下院の自由主義派には下級の裁判官などの公務員が多かったが、彼らにたいする懲罰的な措置がとられ、また、ジャーナリズムへの規制策としては一八六三年六月の出版令が一つのピークを成した。

いたということである。とくに重要なのは、一八五〇年代以降に生じた国際関係の変化と経済状況の変化だった。

クリミア戦争による国際関係の変化

一八四八年から四九年の革命期から五〇年代初めにかけて、ロシア・オーストリア・プロイセンのヨーロッパ東部における三大国の間では、最大の力をもつロシアがオーストリアを支援する姿勢を示していたので、プロイセンにとって行動の余地は極めて限られていた。プロイセンが一八五〇年秋にウニオン政策を放棄せねばならなかったのは、そのためだった。

ところが、クリミア戦争▲によって状況が一変したのである。オーストリア・プロイセン両国の指導層の間には、ロシア側とイギリス・フランス側とのどちらにつくべきかという問題をめぐって、親露派・親英仏派・中立派という三つのグループが存在した。プロイセンでは親英仏派が最初に失脚したのだが、オーストリアでは親英仏派が当初主導権を握った。バルカンへの進出と北イタリアの確保▲とを考えると英仏との関係を強化するのが得策と判断したためであり、

▼クリミア戦争　一八五三年に始まった露土戦争が、五四年に英仏、五五年にはサルデーニャもオスマン帝国側に立って参戦してクリミア戦争へと拡大した。一〇〇万に達する死傷者を出したあと、一八五六年三月のパリ講和条約でロシアの南下政策に歯止めがかけられて終結した。

▼北イタリアの確保　ウィーン会議でオーストリアは「ロンバルディア＝ヴェーネト王国」としてイタリアでもっとも豊かな地域を領有するようになり、英仏に接近することでそれを守ろうとしたが、サルデーニャが英仏側に参戦したために意図ははたされなかった。

オーストリアは一八五四年十二月に両国と同盟条約を結んだ。ロシアの目にはオーストリアがとった行動は明白な裏切り行為と映り、両国関係は著しく悪化した。しかし、オーストリアはロシアとの国境沿いに軍を動員したものの、財政の窮状やプロイセン以下の他のドイツ諸邦の協力をえられなかったために参戦に踏み切るにはいたらなかったので、英仏との関係がとくに強化されることもなかった。これにたいして、プロイセンは結果的に中立の立場を貫いたので、ロシアとの関係が悪化することはなかった。

　要するに、クリミア戦争によってもたらされたのはオーストリアの孤立化であり、それまでのようにプロイセンがオーストリアだけでなくロシアをも敵にまわす恐れはほとんど解消された。しかも、ロシアが敗れてしばらくは国内の「大改革▲」に取り組むことになったために、ロシアから受ける圧力が相対的に減少した。さらに、クリミア戦争の講和会議がパリで開かれたことに象徴されるように、この戦争によってナポレオン三世のヨーロッパ国際政治における重みがましたが、彼は一八一五年に確定されたヨーロッパの状態を根底からゆさぶることを望んでいたので、このこともプロイセンがドイツの地域の現状を変え

▼ロシアの大改革　クリミア戦争中の一八五五年にロシア皇帝に即位したアレクサンドル二世(在位一八五五〜八一)のもとで、クリミア戦争後から六〇年代にかけて実施された大規模な改革。六一年の農奴解放をはじめ、軍・司法・財政・行政・教育などの近代化をめざしたが、多くの問題が残った。

ようとする行動を起こす場合には、有利な条件となった。ビスマルクはこうした基本的枠組みのもとで行動を展開することができたのである。

ドイツの地域における工業化の進展

もう一つの大きな変化は、一八五〇年からドイツの地域で本格的な工業化▲が展開して、ロストウ▲のいう「離陸」の段階をむかえたことだった。工業化はオーストリアでも進展したが、重要なことは、プロイセンを中心とする地域での進展のほうがそれを大きく上回っていたことである。例えば、石炭の採掘量をみると、オーストリアは一八五一年の六六万五〇〇〇トンから七〇年には三七五万九〇〇〇トンにふえ、銑鉄《せんてつ》の生産量は五〇年の一五万五〇〇〇トンから七〇年には二七万九〇〇〇トンにふえたが、オーストリア以外のプロイセンを中心としたドイツ諸邦では、石炭が五〇年の五一〇万トンから七〇年には二六三九万八〇〇〇トンに、銑鉄は五〇年の二一万トンから七〇年の一二六万一〇〇〇トンにふえた。すなわち、工業化が進むなかでオーストリアとプロイセンとの工業力の格差が拡大していったのである。それは、プロイセンの経済政策が

▼**工業化**　かつては産業革命と呼ばれたが、短期間における急激な変化というよりもプロセスとしてとらえるという意味で、この表現を用いることが一般的となっている。

▼**ウォルト・W・ロストウ**（一九一六〜二〇〇三）　ケネディ・ジョンソン両政権にかかわったアメリカの経済学者。主要各国の「離陸」の時期を比較した『経済成長の諸段階』（邦訳、一九六一年）は大きな影響を与えた。

より先進的であったためでもあるが、ルール・シュレージエン・ザールという主要な炭鉱地帯をプロイセンが領有していたためでもあった。

このような経済的格差の拡大は、オーストリアと対抗するうえでプロイセンに少なくとも二つの有利な結果をもたらした。その一つは、他のドイツ諸邦との通商関係の面でプロイセンの優位が決定的なものとなったことである。プロイセンが主導してすでに一八三四年から成立していたドイツ関税同盟▲は、五〇年代にはオーストリアを除くほとんどのドイツ諸邦をカバーするところまで拡大した。これに対抗してオーストリアは「関税連合」というかたちで自国もこの関税領域に加わることを繰り返し要求した。しかし、イギリスから発した自由貿易主義、すなわち低関税化の動きが一八六〇年代初めに大陸にも波及して、まずフランスが、ついでプロイセンも低関税を前提とする通商条約▲を結び、プロイセンの圧力を受けて全体としてのドイツ関税同盟もプロイセンに追従した。オーストリアは相対的に遅れていた自国の工業を保護するために高関税を必要としていたので、最終的に「関税連合」構想は挫折せざるをえなかった。もちろん通商政策の面でオーストリアの排除が確定したことが、ただちに政治面で

▼**ドイツ関税同盟**　領内に小邦を抱え込み、東西に領土が分断されていたプロイセンが中部ドイツや南ドイツの諸国と協定を結ぶことで成立し、一八三四年の元旦から発効した。その後しだいに加入領域を広げていったが、ハンブルクとブレーメンが加入したのは一八八八年になってからだった。

▼**低関税の通商条約**　ナポレオン三世はイギリスに関税を引き下げる通商条約を提案して一八六〇年の初めに締結し、プロイセンにも同様の提案をおこなってきた。普仏通商条約は一八六二年三月に仮調印され、結局ドイツ関税同盟の諸国もそれを受け入れた。

のオーストリアの排除を決定づけたわけではない。普墺戦争が起こると、ドイツ関税同盟に加入していたおもだった諸邦はプロイセンではなくてオーストリアの側についたからである。しかし、通商政策のレベルでプロイセンにとって有利な状況が形成されつつあったことも無視できないだろう。

もう一つの結果は、軍制改革の費用をまかなうのが容易になったことだった。正規の予算が成立しない状態のもとでも、税法によって税収は確保されており、そしてめざましい経済成長のおかげで軍制改革を実行する資金に不足はなかった。このようにして下院との厳しい対立にもかかわらず増強された陸軍が、オーストリアとの決戦に臨むこととなる。

デンマーク戦争

憲法紛争はビスマルクにとっても一種の袋小路に陥ったことを意味しており、それを打開するためになんらかの対外的な行動を起こすことが彼にとって望ましいことだった。その機会が一八六三年の秋に訪れたが、それは彼自身が意図的につくりだしたものではなかった。

ユトランド半島南部のシュレースヴィヒ公国とホルシュタイン公国、それにこれら両公国に比べるとかなり小さいラウエンブルク公国の三つの公国はデンマークと同君連合▲関係にあったが、北のシュレースヴィヒはドイツ連邦の領域に含まれておらず、しかもドイツ語住民とデンマーク語住民との混住地域だった。デンマークのナショナリストたちはシュレースヴィヒの全体を正式に併合することを望み、ドイツのナショナリストたちはホルシュタインとシュレースヴィヒは一体不可分であると主張して、やはりシュレースヴィヒの全体をデンマークから切り離すことを望んでいた。さらに、デンマークでは女系相続の君主も認められていたのに、シュレースヴィヒ・ホルシュタインのドイツ人たちは歴史的に両公国の君主には男系相続しか認められていないと主張し、継承権をめぐる争いともからんでいたことが問題をいっそう複雑にした。一八四八年に三月革命が起こると、デンマークのナショナリスト政権とシュレースヴィヒ・ホルシュタインの革命臨時政府を支援するプロイセンとの間でシュレースヴィヒの帰属をめぐって戦争となったが、ロシアやイギリスが介入し、結局五二年に諸大国も参加して、シュレースヴィヒ・ホルシュタインの原状復帰と両

▼同君連合　複数の国が同一の君主のもとにある状態をいう。ヨーロッパでは決してめずらしい状態ではなかったが、ナショナリズムの対立とからんでくると、その存続は極めて困難になった。

デンマークと同君連合関係にあった三公国

公国においても女系相続の君主を認めることが確認された。しかし、この解決は双方のナショナリストたちにとって極めて不満足なものだったので、問題はくすぶりつづけた。そして、一八六三年十一月に女系相続によるクリスチャン九世▲がデンマーク王として即位し、シュレースヴィヒを併合する新憲法を布告すると、ふたたび火を噴くこととなったのである。

プロイセン・オーストリア両国を除くドイツの主要国政府とドイツ内部の世論は、ホルシュタインだけでなく、シュレースヴィヒをもデンマークから「奪還」する好機が訪れたと考えて、男系相続による継承権を根拠としてシュレースヴィヒ・ホルシュタイン公として即位宣言をおこなったアウグステンブルク家のフリードリヒ・アウグスト▲を支持した。プロイセン王ヴィルヘルム一世も当初はアウグステンブルク家に好意的だった。しかし、ビスマルクは、クリスチャンがシュレースヴィヒ・ホルシュタインにかんしても正当な君主であることを認めたうえで、その正当な君主がシュレースヴィヒをホルシュタインと切り離して併合するという、国際的な約束に違反する措置をとったので原状回復を求めるためにデンマークにたいして武力を行使するという立場に立って行動

▼クリスチャン九世（在位一八六三～一九〇六）　一八六三年にデンマーク王となる。デンマーク王フレゼリク五世（在位一七四六～六六）の孫娘を母とし、一八五二年のロンドン議定書によって諸大国から継承権を認められた。

▼アウグステンブルク家のフリードリヒ・アウグスト（一八二九～八〇）　男系の継承権を根拠にフリードリヒ八世として即位を宣言したがプロイセン・オーストリア両国から承認されなかった。長女アウグステ・ヴィクトリア（一八五八～一九二一）が一八八一年にプロイセンのヴィルヘルム王子と結婚して、のちに皇后となる。

を起こした。さきに述べたように、クリスチャンの継承権はシュレースヴィヒ・ホルシュタインにかんしてもヨーロッパのすべての大国によってすでに認められていたので、それを土台として行動しなければ、オーストリアの協力をえられないだけでなく、他の大国を敵にまわす恐れがあったからである。ドイツ連邦の歴史においては異例なことだったが、プロイセン・オーストリア両大国の主張はアウグステンブルク家を支持する他のドイツ諸国に認められず、したがって一八六四年二月からの戦争はプロイセン・オーストリア両国とデンマークとの戦争として始まった。

いわば世論に逆行する開戦理由を掲げて始まった戦争だったが、まさにそのためにデンマークが支援を期待していたイギリスもフランスも介入できず、デンマークの軍事的劣勢が決定づけられた。敗れたデンマークは、シュレースヴィヒ・ホルシュタイン・ラウエンブルクの三公国にたいする主権を、プロイセン・オーストリア両国に譲渡した。このうちラウエンブルクについては、やがてプロイセンがオーストリアに金銭を支払って単独で領有することになるが、シュレースヴィヒとホルシュタインの扱いをめぐっては、共同主権をもつプロイセンとオーストリアの争いがしだいに深刻化していった。ビスマルクが両公国のプロイセンへの併合をめざしたのにたいして、オーストリアはドイツにおけるライバル国の力を強めるよりは、次善の策としてアウグステンブルク家に両公国を引き渡すことを認める方針に転換したからである。

　プロイセン・オーストリアの対立は、結局は普墺戦争に帰結するのだが、戦争にいたるプロセスは一見したところジグザグコースをたどっている。一八六五年の春に、プロイセン王や参謀総長のモルトケ▲は対オーストリア開戦にかたむいたが、ビスマルクはこの時点での開戦に異議を唱え、一転して八月にはガスタイン条約を結んでオーストリアとの協調路線に転じて、シュレースヴィヒの行政権をプロイセンが、ホルシュタインのそれをオーストリアが掌握することを取り決めた。このようなジグザグコースについてもっともスマートな解釈を提起しているのは、オットー・プフランツィ▲である。彼は、ビスマルクの政治術の基本的な性格を「ポリティックス・オブ・オルタナティブズ」、すなわちつねに複数の選択肢を手元に保持しておく政策と規定し、この時期にかんしては、オーストリアとの戦争という選択肢と、ドイツを南北の勢力圏に分割し

▼モルトケ（一八〇〇〜九一）　デンマーク軍への勤務をへて一八二二年にプロイセン軍の将校となり、五七年から八八年まで参謀総長。一八六四年のデンマーク戦争のときから実質的に軍の指揮をとり、参謀総長のポストを軍のトップの地位に高めた。一八七〇年に伯爵、七一年に元帥となる。

▼オットー・プフランツィ（一九一九〜二〇〇七）　アメリカの歴史学者。一九六三年に刊行した『ビスマルクとドイツの発展』の第一巻で「ポリティックス・オブ・オルタナティブズ」論を詳しく展開している。

てオーストリアとの共存をはかるという選択肢とをぎりぎりの段階まで保ちつづけたのだと指摘している。たしかにこの時期のビスマルクは、オーストリアにたいしてこれら二つの選択肢のそれぞれに該当する発言を繰り返しているし、プフランツィのテーゼは、のちのビスマルクの政策にもみられる大胆な柔軟さを一般的なかたちで表現したものとして魅力的である。しかしながら、二つの選択肢が同等の実現可能性をもつものだったとは考えられない。南北勢力圏分割構想は、当然他のドイツ諸国の猛反発を受けるに違いなかったし、オーストリアにとってまともな選択肢とはなりえなかっただろうと思われるからである。プロイセンがシュレースヴィヒ・ホルシュタインの併合を断念しないかぎり、オーストリアとの武力衝突はほぼ不可避だったと考えていいだろう。

普墺戦争

少なくともオーストリアとの戦争を覚悟せざるをえなくなった時点からのビスマルクにとって、肝心なことは、可能なかぎりプロイセンに有利な状況をつくりだすことだった。もっとも懸念されることは、ナポレオン三世がどう動くかという点だった。ドイツの両大国が戦うことになれば、彼は勝敗の行方を左右する立場に立って最大限の利益をえようとするだろうことが容易に予測できたからである。実際には、ナポレオン三世は戦争が長期化するものと予想して、プロイセン・オーストリア両国が疲弊した時点で介入しようと考えていたので、すぐさま彼がビスマルクにとって大きな脅威となることはなかったのだが、オーストリア▲は、ヴェネツィア▲をイタリアにゆずり、プロイセンからライン地方を奪ってフランスが影響力を行使しうる緩衝国家を設置することを申し出て、ナポレオン三世の好意をえようとした。ビスマルクはオーストリアほど明確な約束を与えなかったものの、やはりライン地方にかんしてフランス皇帝に期待をいだかせるような対応をした。さらに、開戦の三カ月前にやはりヴェネツィアを与えることを約束してイタリアと秘密軍事同盟▲を結んだ。

イタリアとの軍事同盟は四カ月という短い期限がついていた点で異例な同盟条約だったが、プロイセンがドイツ連邦の改革案をドイツ連邦議会に提出してそれが拒否されたら戦争に突入するという開戦の具体的な手続きを明記していたという点でも、異例なものだった。ここには、オーストリアとの戦争にドイ

▼オーストリアの思惑　プロイセンとの戦争に勝利をおさめたらオーストリアはシュレージエン地方を取り戻すことを意図していた。

▼ヴェネツィア　ヴェネツィアを中心とするヴェーネト地方はイタリア統一戦争ののちもオーストリア領にとどまり、イタリアは併合を熱望していた。

▼イタリアとの秘密軍事同盟　一八六六年四月八日に締結された。その翌日に、プロイセンはドイツ連邦議会に普通選挙権で選出される全ドイツ議会の設置を提案した。

ツの国家的統合のための戦いという性格を与えようとする考え、すなわちドイツ・ナショナリズムをプロイセンの手段として利用しようとする考えが明瞭に読み取れる。実際、シュレースヴィヒをめぐる問題が浮上する以前の一八六三年の春に、ビスマルクは主要なドイツ諸国の支持をえつつあったオーストリアのドイツ連邦改革案を、ヴィルヘルム一世の諸侯会議▲への出席を阻止することで挫折させている。そのような流れからいっても、オーストリアとの戦争はドイツの国家的統合からオーストリアを最終的に排除するという目標を追求するものとならざるをえなかった。とはいえ、ビスマルクがそのような目標を示すことによって自由主義者たちの支持をえようと働きかけたにもかかわらず、開戦直前の時点ではこの戦争は「兄弟戦争」とみなされて極めて不人気▲だった。自由主義者たちの受け止め方、あるいは世論一般の風向きが大きく変化したのは、実際に戦争が始まって、しかも短期間で華々しい戦果をあげてからである。

一八六六年六月に始まった普墺戦争は、七月三日のケーニヒグレーツの戦い▲でのプロイセン軍の勝利によって事実上決着がつき、同月二十六日にはニコルスブルク仮講和条約▲が結ばれた。この仮講和でプロイセンはオーストリアにた

▼諸侯会議　オーストリア皇帝が召集して一八六三年八月十七日から九月一日に、ドイツ連邦改革案を協議するためにフランクフルト・アム・マインで開催された。ヴィルヘルム一世は当初出席する意向だったが、ビスマルクにはばまれた。

▼不人気な戦争　それを象徴するように、開戦へと向かいつつあった一八六六年五月七日にウンター・デン・リンデンを歩いていたビスマルクは、一人の大学生から狙撃された。かすり傷ですんだビスマルクは自分の手で犯人から拳銃を取り上げた。

▼ケーニヒグレーツの戦い　「サドワの戦い」ともいう。現在のチェコ北部でプロイセン軍とオーストリア・ザクセン連合軍、全体で四〇万以上の兵士が戦った。部隊の輸送に鉄道が用いられ、プロイセン軍が最新の針打ち式銃をはじめて使用した。

▼ニコルスブルク仮講和条約　現在のチェコ南部のニコルスブルクにプロイセン軍の大本営がおかれていた。仮講和条約とは講和条件の大枠を決めるもので、その後細部を交渉して正式な講和条約が結ばれる。

いしてヴェネツィアを除けばいっさい領土の割譲を要求せず、その点でオーストリアを寛大にあつかうものだった。また、南ドイツをプロイセンの勢力圏から除外することも規定していた。のちにビスマルクは、回想録のなかで、ウィーンにまで軍を進めるよう主張するヴィルヘルム一世を押し切ってこの仮講和にこぎつけたようすを極めて劇的に描き出しており、また、オーストリアを寛大にあつかったのは将来の同国との関係に配慮したためであるという観点を強調している。しかし、実際にはいっそう差し迫った事情もあったと考えてよい。というのは、ケーニヒグレーツの勝利はかならずしも決定的なものとはいえず、プロイセン軍も多くの犠牲者を出しただけでなく、コレラが部隊内に広がりつつあり、さらに、包囲網を逃れたオーストリア軍が、イタリア軍に勝利をおさめて北上する部隊と合流して体勢を立て直しつつあったからである。おそらくもっとも重要だったのは、ケーニヒグレーツの戦いの直後にオーストリアからの要請を受けてナポレオン三世が介入してきたことだった。仮講和の条件は、ほぼナポレオン三世との交渉でまとめられたものにそっていた。したがって、回想録の記述だけを文字どおり受け取ることはできないのだが、ビスマルクが当時の状況のなかで極めて現実的で適切な判断をくだしたことは、高く評価されるべきだろう。

北ドイツ連邦の結成

普墺戦争で勝利をおさめたプロイセンは、シュレースヴィヒ・ホルシュタインだけでなくハノーファー王国▲・ヘッセン選帝侯国・ナッサウ公国と都市国家のフランクフルト・アム・マインを併合して北ドイツでの領土を大きく拡大し、マイン川よりも北のドイツ諸国とともに北ドイツ連邦を結成した。北ドイツ連邦はもはやドイツ連邦のような国家連合ではなくて明確な連邦国家であり、プロイセン王が元首としての連邦主席、ビスマルクが連邦政府を率いる連邦宰相に就任した。あとに述べるように（五三頁以下参照）、ビスマルクが作成した草案▲を土台として定められた北ドイツ連邦の政治システムが、やがてドイツ帝国に受け継がれていくことになる。

それとともにビスマルクは、プロイセン下院の自由主義者たちにたいして大胆な和解提案をおこなった。憲法紛争中の政府の支出を追認するいわゆる事後

▼ハノーファー王国　プロイセンに併合されたなかでもっとも大きな国であり、古い歴史をもつヴェルフェン家の王は復位を要求しつづけ、王家の支持者たちも帝国議会で反政府派として議席をもちつづけた。

▼ビスマルクの草案　実際に憲法草案を作成したのは官僚だが、ビスマルクが与えた指示が決定的な意味をもった。彼が一八六六年十月末から十一月にかけて出した指示は「プトブス口述書」と呼ばれている。

承諾法案を提出したのである。すでにプロイセンの自由主義者たちのなかには、デンマークとの戦争に勝ってから、プロイセンによる国家的統合に期待して、すなわちナショナリズムのチャンネルを経由して、ビスマルクへの評価を改める動きが広がりつつあったのだが、オーストリアにたいする勝利によってそのような動きはいっそう高まり、多くの自由主義派の議員たちが事後承諾法案に賛成票を投じて、反ビスマルクの立場を貫くドイツ進歩党▲から分離し、プロイセンに併合された諸邦でそれまで保守政府と対立していた自由主義者たちや小邦の自由主義者たちと合流して、国民自由党▲を結成した。一方、ビスマルクによって正統主義の原理が踏みにじられたと感じたプロイセンの多くの保守主義者たちは、反ビスマルクの姿勢を強めた。こうして、国民自由党と、ビスマルク支持の立場をとった保守穏健派の自由保守党（のちの帝国議会では帝国党と称した）とが、ビスマルクを立法活動の面で支えるという時期が始まった。一八六七年からほぼ一〇年間続いたこの時期を、歴史学者のオンケン▲は「議会における自由主義時代」と呼んでいる。

▼**ドイツ進歩党**　軍制改革をめぐって政府と対決するために、プロイセン下院で一八六一年に結成された自由主義左派の政党。長期的な綱領をもっていたので、ドイツで最初の近代的政党といわれる。一八八四年に旧国民自由党左派と合同して、ドイツ自由思想家党となる。

▼**国民自由党**　北ドイツ連邦時代から一八七〇年代の末まで自由主義派の主流としての位置を占め、議会第一党だった。一八七九年から八〇年に分裂して以降勢力を弱めた。

▼**ヘルマン・オンケン**（一八六九〜一九四五）　ドイツの歴史学者。ラサールや国民自由党の指導者ベニヒセンの伝記を著した。

独仏戦争からドイツ帝国の成立へ

北ドイツ連邦はドイツ帝国の成立にいたる過渡期だった。というより、オーストリアとの戦争にドイツの国家的統合のための戦いという性格を与えてしまったビスマルクにとって、北ドイツ連邦をマイン川よりも南のバイエルン王国・ヴュルテンベルク王国・バーデン大公国の三国と、ヘッセン大公国▲のマイン川以南の地域にまで拡大することが避けられない課題となったのだった。北ドイツ連邦憲法は、それらの諸国が連邦に自発的に参加することを可能とする条文を含んでいた。自発的な統合への気運を強める策としては、軍事と経済の両面での策がとられた。バイエルン以下の四国とそれぞれ結ばれた攻守同盟は、軍事的な絆を強めた。ドイツ関税同盟に新たに設置された関税議会▲は、権限が関税同盟にかんする事柄だけに限られていたとはいえ、北ドイツ連邦議会の議員たちと南ドイツ諸国で北ドイツと同じ方式で選出された議員たちから成る、全ドイツ議会だった。しかし、南ドイツにおける関税議会の選挙では、カトリック勢力を中心に反プロイセン派の議員たちが大量に当選し、自発的統合の道は容易ではないことが証明された。

▼ヘッセン大公国　ヘッセン＝ダルムシュタットとも通称されるこの国は南北に分かれた二つの地域から成っており、マイン川以北の地域だけが北ドイツ連邦に加わっていた。

▼関税議会　一八六八年二月に南ドイツ諸国で北ドイツ連邦の議会と同じ選挙方式(人口一〇万人を基本とした一人一区の小選挙区制、過半数の票をえた者がいない場合は上位二名の決選投票)でおこなわれた。このときの選挙区割りがのちの帝国議会選挙でも踏襲された。

▼プロイセンへの問い合わせ　ルクセンブルクの要塞にはドイツ連邦時代からプロイセン軍が駐屯していたので、オランダ王はプロイセンの了承が必要と判断した。ルクセンブルクはドイツ連邦に加入していたが、北ドイツ連邦には加わらなかった。

北ドイツ連邦の南ドイツへの拡大にとって最大の障害となっていた外部の要素が、ナポレオン三世だった。彼には普墺戦争のときのようになんの代償もえられないままでプロイセンのさらなる勢力拡大を容認するつもりはなかったからである。一八六七年の初めにナポレオンは、オランダ王にたいしてオランダと同君連合関係にあり、前年までドイツ連邦に所属していたルクセンブルク大公国の主権の金銭での譲渡を打診し、ビスマルクは、当初はそれを認める姿勢を示したが、オランダ王が正式にプロイセンの意向を問い合わせてきて▲問題が表面化してしまったために、北ドイツ連邦議会で反対することを表明せざるをえなかった。これ以降、ナポレオン三世との直接的な取引をとおして北ドイツ連邦の拡大をはかる道もほぼふさがれてしまったのである。一八六八年の五月に、ビスマルクはつぎのように述べている。「もしもドイツが十九世紀のうちにその国家的目標〔すなわち統一〕を達成できたとすれば、それだけで大層なことだと私は思うし、もしも五年、いや一〇年のうちに達成できたとしたら、途方もないこと、思わざる神の恵みというしかない」。

行詰りを打開するきっかけは、今回も外から訪れた。ビスマルクがさきのような発言をおこなってから数カ月後の一八六八年九月にスペインで革命が起こり、ブルボン家の女王イサベル二世▲が追放された。スペインの新政権は新たな君主を探し求め、ホーエンツォレルン＝ジークマリンゲン家の世子レーオポルト▲が有力な候補者として浮上してきた。南ドイツのホーエンツォレルン＝ジークマリンゲン家はプロイセン王家とは異なりカトリックで、そのうえレーオポルトの妃はポルトガル王家の出であったので、スペインにとっては新しい王として考えやすい人物だったのである。しかし、その一方でナポレオン三世にとってレーオポルトは心理的な効果を考えるともっとも好ましくない候補者であり、そのことをビスマルクに伝えていた。ところが、ホーエンツォレルン＝ジークマリンゲン家も一族の長としてのヴィルヘルム一世も、ともに当初はスペイン側の打診に乗り気ではなかったのに、ビスマルクはレーオポルトとその父親に働きかけて▲、一八七〇年の六月には両者の同意をえるにいたった。この時点でビスマルクがナポレオン三世を戦争に追い込もうと決意していたという明確な証拠があるわけではない。ただ、レーオポルトがスペイン王に選出されればナポレオンに極めて大きな打撃を与えるであろうことは当然承知していたは

▼**イサベル二世**（在位一八三三〜六八）　一八六八年にフランスに亡命し、七〇年に子息のために王位を放棄した。

▼**レーオポルト**（一八三五〜一九〇五）　ホーエンツォレルン＝ジークマリンゲン侯カール・アントーン（一八一一〜八五、五八〜六二年にプロイセン首相）の長男。ホーエンツォレルン＝ジークマリンゲンは独立した侯国としてドイツ連邦に加入していたが、一八四九年に主権をプロイセン王に譲渡した。弟のカール（一八三九〜一九一四）が一八六六年にルーマニアの君主に選出された。

▼**ビスマルクの働きかけ**　この問題にプロイセン政府は関与していないというのがプロイセンの公的な立場だった。ビスマルクが国王候補となることを勧めていた事実が明確に証明されたのは第二次世界大戦後のことである。

▼スペイン側の手違い　レーオポルトが国王候補となることを承諾したとき、スペインの国会は夏季休暇に入ってしまっていた。

▼グラモン公（一八一九～八〇）十七世紀以来の公爵家の出身。一八六一年から七〇年にフランスの外相。

ファルツィーンのビスマルクの書斎

ずであり、少なくとも、彼に既成事実を突きつけることによって新たな状況が開けてくることを期待していたと考えることができるだろう。

ところが、スペイン側の手違い▲でレーオポルトがスペイン議会によって選出されないうちに情報がフランス側にもれてしまった。七月六日のフランス議会で外相のグラモン公▲がプロイセンを痛烈に非難する声明を発表したので、スペイン政府はレーオポルトに辞退を求めることを決定し、レーオポルトの父親も辞退を承諾した。こうして、ビスマルクの思惑とは異なって、この問題はフランスが明確な外交的勝利をおさめるかたちで決着するかに思われた。プロイセン政府の側は、公式には、この件は国家間の問題ではなくてホーエンツォレルン＝ジークマリンゲン家のみにかかわる問題であるという立場をとっていたので、有効な対抗策をもちあわせていなかったからである。しかし、グラモン公は、外交的勝利をさらに確実なものにしようとして、フランス大使にたいして、ヴィルヘルム一世が滞在していたエムス温泉で、今後ホーエンツォレルン家の一員が国王候補になることがあっても決して同意しないという約束をえるように指示した。そのときのやりとりを知らせてきたのが、名高い七月十三日のエムス電報である。

この電報が届いたとき、ビスマルクは、自らの領地ファルツィーン▲からエムスに赴く途中ベルリンに立ち寄って、陸相のローンや参謀総長のモルトケとともに現状をなげいていたところだった。その場で彼はかなり長文の電報をたった二つの文に要約して書き換えた。その結果、具体的な状況を背景としたやりとりを報告した文章が、本来はホーエンツォレルン＝ジークマリンゲン家とスペインとの問題なのにフランス政府がプロイセン王に不当な要求を持ち出し、これにたいして王は今後いっさいフランス大使と会うことを拒否すると通告した、すなわち、あたかも国交の断絶を通告したかのような印象を与える内容に変化したのである。この書き改められた文章が発表されたために、今度はナポレオン三世のほうが、外交的敗北を甘受するか戦争に踏みきるかという立場に追い詰められた。こうして、いわゆる普仏戦争(プロイセンと北ドイツ連邦だけでなく南ドイツ諸国もともに参戦したので、ドイツでは一般に独仏戦争と呼ばれる)は、七月十九日にフランスのほうから宣戦するというかたちで始まった。

独仏戦争は、九月一日のセダンの戦い▲でナポレオン三世が捕虜になったのち

▼ファルツィーン　現在はポーランド領となっているビスマルク家の所有地で、彼は普墺戦争への功労で王から与えられた恩賜金でこの土地を購入し、好んでこの地に滞在した。

▼セダンの戦い　メス要塞の救援に向かおうとしたフランス軍をモルトケが指揮するドイツ軍がセダンで包囲し、ナポレオン三世以下一〇万以上のフランス兵が捕虜になった。ドイツ帝国時代には九月二日は「セダン記念日」として国民的な祝祭日となった。

も半年近く続いたが、それはドイツ側が講和の代償としてエルザス・ロートリンゲン▲の割譲を要求したためである。当時のドイツ世論や軍部は、ナショナリズム的な論拠や戦後の対フランス防衛に必要といった論拠にもとづいて、同地方の併合を強く要求した。しかし、ビスマルクも、かつて一部の歴史学者によって主張されたように国内の併合要求の動きを煽動したわけではなかったものの、独自の観点から併合要求に固執したことが今日では明らかになっている。もっとも、その動機については確定的な解釈があるわけではない。おそらく、南ドイツ諸国との絆を強めたいという考えや、明確な勝利の成果をえたいという考え、フランスから領土を奪って戦後の勢力均衡をはかりたいという考えなど、複数の動機が合わさって強硬に要求しつづけることになったものと思われる。

だが、その結果、戦争が長引いてイギリスとロシアが介入してくる▲危険性が浮上してきてしまった。この危険性は、ロシアがクリミア戦争によって結ばれたパリ講和条約の黒海条項を覆そうとしてイギリスと対立したために、かろうじて回避することができたのだが、フランスにエルザス・ロートリンゲンの割

▼エルザス・ロートリンゲン　フランスでいうアルザス・ロレーヌ地方。かつて神聖ローマ帝国領であり、ドイツ語系のアルザス語を話す人びとが多かったが、とくにフランス革命以来の都市部ではフランス人という意識が市民たちの間にかなり浸透していた。

▼イギリスとロシアの介入　イギリスもロシアもエルザス・ロートリンゲン併合要求に批判的であり、イギリスは同地方をドイツとフランスの緩衝地帯とするよう、またロシアは同地方の代わりにルクセンブルクを購入するよう提案してきた。

●—セダンの戦いのあとでナポレオン三世と出会ったビスマルク（W・カンプハウゼン画）

●—セダンの戦いの翌日のナポレオン三世とビスマルク（右がビスマルク、W・カンプハウゼン画）

●—ファルツィーンで家族とともに　中央に座っている女性が妻のヨハナ、その右がビスマルク、右端が次男のヴィルヘルム、ヨハナの左に座っている女性が妹のマルヴィーネ、その後に立っているのがマルヴィーネの夫と娘。

譲をしいたことで、戦後のフランスとの対立関係が固定してしまうといういっそう大きな重荷をビスマルクは背負うことになったのだった。

独仏戦争が継続するなかで、南ドイツ諸国との交渉▲がまとめられて、一八七一年一月十八日(かつてプロイセンが王国に昇格したときに戴冠式が挙行された日だった)に、大本営がおかれていたヴェルサイユ宮殿の鏡の間でドイツ皇帝の即位宣言式がおこなわれた。「ドイチャー・カイザー」という称号に最後まで抵抗していたヴィルヘルムは(彼は「カイザー・フォン・ドイチュラント」と称することを望んでいた)▲、即位宣言式のときに著しく不機嫌でビスマルクに挨拶すらしなかったのだが、ともかくもドイツ統一という大目標は達成されたのである。

なぜドイツ統一を実現できたのか

もう一度振り返ってみよう。ビスマルクが、ドイツ・ナショナリズムをとりわけオーストリアに対抗するうえでプロイセンの手段として利用しようと考えるようになって以来、オーストリアを排除したかたちでのドイツ統一の実現は

▼南ドイツ諸国との交渉　一八七〇年十月から十一月にかけての個別交渉で、鉄道・電信・郵便・平時の軍の指揮権などにかんして一定の留保権を認めるという条件付きで合意が成立した。

▼皇帝の称号問題　どちらの称号も日本語に訳すと「ドイツ皇帝」ということになるだろうが、英語で表現すれば「ジャーマン・エンペラー」と「エンペラー・オブ・ジャーマニー」という違いがあり、後者の称号には明確に「ドイツ」という国全体に君臨する皇帝というニュアンスがある。そのことがドイツ諸邦の君主たち、とくにバイエルン以下の「国王」たちの反発をかうことを恐れて、ビスマルクは曖昧(あいまい)な前者の称号に固執した。

●―ヴェルサイユ宮殿鏡の間での皇帝即位宣言式　中央の白い軍服がビスマルク、その右手前が参謀総長モルトケ(A・v・ヴェルナー画)

●―一八七一年三月二十七日にベルリン市からビスマルクに授与された名誉市民証(A・v・メンツェル作成)

フリードリヒスルーのビスマルクの書斎　手前の小卓でフランスとのヴェルサイユ仮講和条約への署名がなされた。

彼にとっても逃れられない目標となったといってもいいだろう。その目標は三度の戦争に勝利をおさめることによって達成された。そして、三度の戦争に勝利を収めることができたのは、最初の戦争においてはデンマーク、普墺戦争では少なくとも主要な相手としてはオーストリア、独仏戦争ではフランスだけと戦うことができたからだった。そのような状況をつくりだすうえで、ビスマルクが極めてたくみな手腕を発揮したのは確かである。ナショナリズム的な主張にさからってデンマーク王を正当な支配者と認めたうえで行動を起こしたために、他の大国はデンマークとの戦争に介入できなかったし、オーストリアとの戦争にたいしてはドイツの国家的統合のための戦いという開戦理由を掲げたために、少なくとも開戦後はナショナリズムの潜在的な支援を期待できた。そして、最後のフランスとの戦争ではフランスから宣戦するというかたちをとらせることに成功した。

しかしながら、プロイセンにとって有利な状況のすべてをビスマルクがつくりだしたわけではない。デンマークとの戦争にかんしていえば、シュレースヴィヒ併合という行動をまず起こしたのはデンマークだった。オーストリアとの戦争では、さきにみたように、クリミア戦争でとった態度によってオーストリアは基本的に孤立状態に陥っていた。それでも、普墺戦争はビスマルクにとってもっともリスクが大きい戦争だったといってよい。ナポレオン三世が介入してくることが十分に考えられ、しかもオーストリアのほうがはるかに有利な条件をナポレオンに提示していたからである。この戦争にさいしてビスマルクは、イタリアに亡命していたマジャール人たちに資金を提供してオーストリア内での反乱を画策するという過激な手段をとろうとしているが、それも彼の危機意識の表れとみることができる。しかし、ビスマルクにとって幸いなことに、ナポレオンは即座に介入することを考えてはいなかった。そして、スペインの革命から始まってフランスとの開戦にいたるプロセスでは、一時は明白な外交的敗北を喫しそうになったのに、フランス側が過剰な行動にでたために、有利な立場で開戦をむかえることができたのだった。

ビスマルクは「政治は可能性の(芸)術である」と語ったとしばしばいわれるけれども、実際に彼がそう述べたという証拠はない。ただし、「政治は……科学ではなくて一つの術である」とは述べている。ビスマルクは、さまざまな状

▼亡命マジャール人への資金提供
普墺戦争時のイタリア首相であり総司令官であったラ・マルモラ将軍が一八六八年の議会演説でこのことを暴露した。

況を意図的につくりだせたわけではないが、たしかに状況を極めて大胆に利用する「術」に長《た》けた人物だった。そして、プロイセンを中心とするドイツ帝国の建設という点では、当時はプロイセン王が拒否して葬り去られたものの、一八四八年から四九年の革命時にフランクフルトのドイツ国民議会がそれを実現しようとしていたという歴史的な「状況」を無視することはできない。そのことを考えると、あの「鉄血演説」はある種の歴史的な連続性を示すものとして受け取ることもできるのである。

③—ビスマルクの築いたドイツ帝国

ドイツ帝国の政治システム

ドイツ帝国は、憲法の前文によれば、北ドイツ連邦を代表するプロイセン王とバイエルン王以下四カ国の君主との「永続的な同盟」として結成された。さきにも述べたように、その政治システムは北ドイツ連邦憲法で定められたものに多少の変更を加えただけであり、そして北ドイツ連邦憲法は、憲法審議議会によっていくつかの重要な修正▲がなされたとはいえ、基本的にはビスマルクが作成した案を土台にしていた。したがって、ビスマルクがドイツ帝国の政治システムをつくったのだといってよい。この政治システムは独特な複雑さをもっていたが、それは、国家連合としてのドイツ連邦を、ある程度の連続性を保ちつつ連邦国家に衣替えさせたということと、その連邦国家のなかでプロイセンが領土と人口において三分の二近くという圧倒的な比重を占めたこととに起因するところが大きかった。

国家元首はプロイセン王が世襲するドイツ皇帝だったが、帝国の主権者は皇

▼北ドイツ憲法審議議会による修正　もっとも重要な修正は、連邦元首の統治行為にたいして宰相が副署することをとおして責任を負うという規定が追加されたことだった。このため当初想定された人物とは異なってビスマルク自身が宰相に就任することになった。もっとも、この修正は彼個人の権力の強化という点ではむしろ彼にとって好都合なものだった。

帝ではなかった。帝国の主権は「永続的な同盟」に加わったプロイセン以下二二の邦の君主と三つの都市国家▲の参事会とが全体として保持しており、したがって、これら二五の諸邦政府の代表が構成する連邦参議院が、帝国の主権を代表する機関だった。同時に、帝国の立法には連邦参議院の同意が不可欠とされたので、立法において上院的な機能もはたしていた。さらに、諸邦政府の代表によって構成されていたので、連邦参議院は行政面での役割も担っていた。連邦参議院での諸邦への票の配分はドイツ連邦議会でのそれをそのまま受け継いでおり、全五八票のうちプロイセンは普墺《ふおう》戦争後に併合した邦の票を加えて一七票を握っていた。したがって、論理的には採決で敗れることもありえたが、その圧倒的な重みゆえに、通常はプロイセン政府が連邦参議院における指導権を握った。

　帝国政府における正式な大臣は、皇帝によって任命される帝国宰相▲ただ一人だけだった。宰相のもとにおかれた行政機関も当初は宰相府だけだったが、北ドイツ連邦時代に外務部門が独立したのをはじめとして、一八七〇年代にしだいに各帝国官庁に枝分れしていった。しかし、帝国官庁の長官は大臣ではなく

▼三つの都市国家　「ハンザ自由都市」と称していたハンブルク、ブレーメンとリューベックの三都市。このうちハンブルクとブレーメンは首都ベルリンとともに現在のドイツ連邦共和国でも州の地位にある。

▼首相と宰相　ドイツ語の表現でも前者は「ミニスタープレジデント」後者は「ライヒスカンツラー」と異なるが、帝国時代には、少なくとも制度的には首相は大臣たちのなかで「同等者たちのなかの第一人者」という地位にあったという点で宰相とは異なっていた。もっとも、ヴァイマル共和国以降は「ライヒスカンツラー」は中央政府の首相を意味するようになる。

●—ドイツ帝国の政治システム

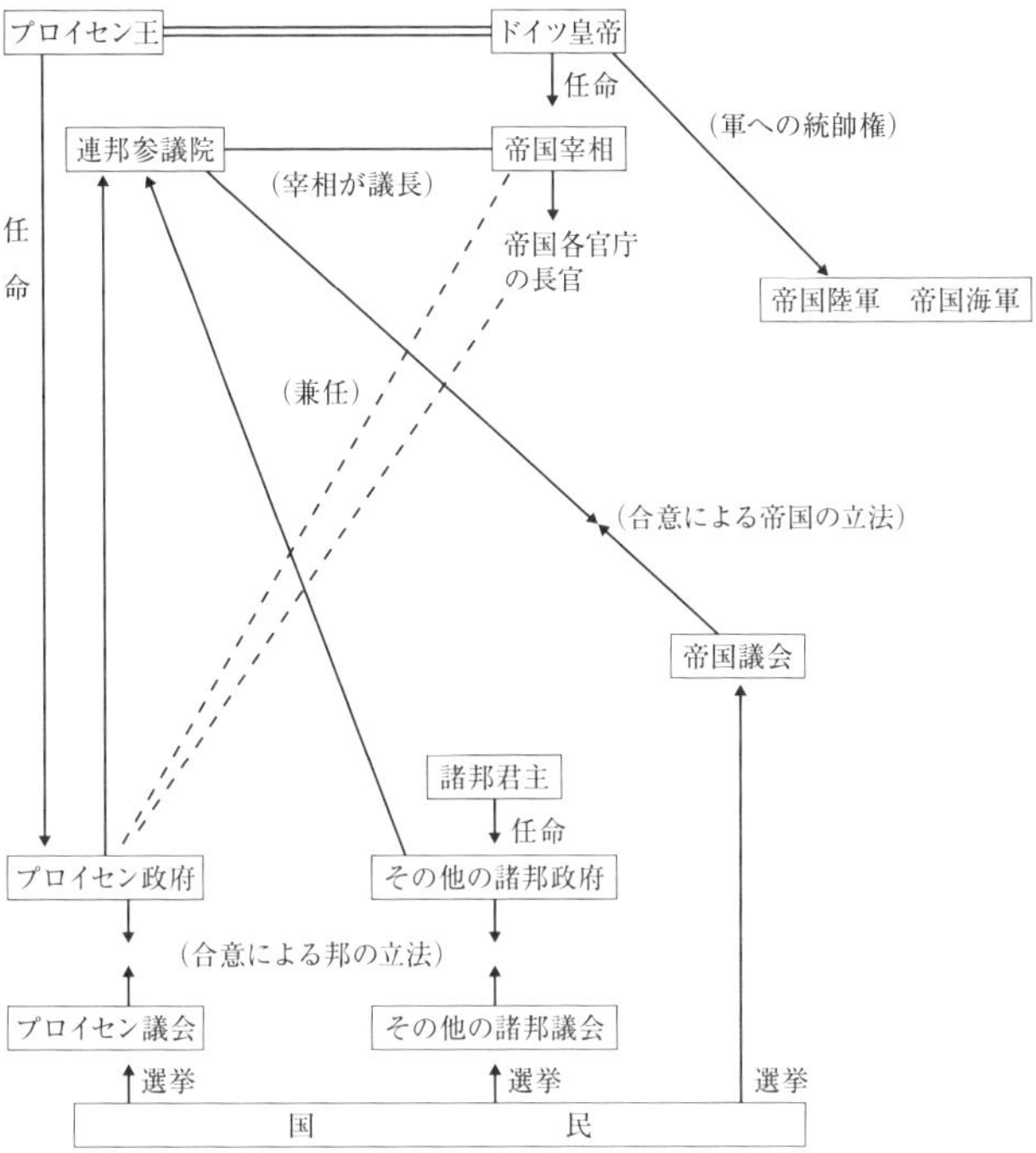
プロイセン王
ドイツ皇帝
任命
(軍への統帥権)
連邦参議院
帝国宰相
(宰相が議長)
帝国各官庁の長官
帝国陸軍　帝国海軍
任命
(兼任)
(合意による帝国の立法)
帝国議会
諸邦君主
任命
プロイセン政府
その他の諸邦政府
(合意による邦の立法)
プロイセン議会
その他の諸邦議会
選挙
選挙
選挙
国　民

てあくまでも宰相直属の部下にすぎなかった。宰相がプロイセン首相をかねる制度的な必然性▲はなく、ビスマルクも一八七三年のほぼ一年間プロイセン首相のポストを陸相ローンにゆずったことがあり、後任宰相のカプリーヴィ▲も途中からプロイセン首相を辞任したが、やはり帝国におけるプロイセンの重みを考えれば宰相がプロイセン首相をかねるのが通常のあり方とならざるをえなかった。帝国官庁とプロイセン各省との結びつきも強く、多くの場合に連邦参議院を代表して帝国議会で帝国の施策を説明したのは、プロイセン各省の大臣や官僚たちだった。

立法機関としての連邦参議院が上院的な位置を占めたとすれば、下院的な位置を占めたのが帝国議会である。帝国議会は、一八四八年から四九年の革命の遺産である満二十五歳以上の男子の普通・平等・直接・秘密選挙権▲によって選出された。それは、三級選挙権▲という不平等選挙権のもとで、プロイセン下院に市民階層の自由主義勢力が進出したのを経験して、ビスマルクが、農民層を中心とした保守的な民衆に期待をかけたためだった。実際には彼の期待どおりにはならなかったのだが、ともかくも当時のヨーロッパでは極めて先進的な選

▼兼任の必然性　宰相がどうしても兼任する必要があったのはプロイセン外相のポストだった。北ドイツ連邦のときからプロイセンの外相は他のドイツ諸邦との交渉のみを担当するのが職務となり、そして連邦参議院でのプロイセンの投票行動を指示する権限をもっていたのもプロイセン外相だったからである。歴代の宰相は例外なくプロイセン外相を兼任している。

▼カプリーヴィ（一八三一〜九九）　プロイセン軍の将軍で一八八三〜八八年に帝国海軍長官を務め、その後第一〇軍団司令官。一八九〇〜九四年に宰相、九〇〜九二年にプロイセン首相、九一年に伯爵となった。

▼秘密選挙権　投票の秘密が守られる選挙制度のこと。ビスマルク政府が提案した北ドイツ連邦憲法案では明記されていなかったが、憲法審議議会が秘密投票で選挙がおこなわれるという規定を追加した。

挙権によって選出された帝国議会は、立法機関として重要な位置を占めていた。どのような法律も、帝国議会の多数派の支持をえなければ成立しえなかったからである。ビスマルクにとっても法案提出のたびに帝国議会の多数派を調達することはかならずしも容易なことではなく、ほとんどの重要法案は帝国議会による修正をへて成立した。

しかし、帝国議会は、立法に影響をおよぼすことはできても、政治権力を獲得する基盤となることはできなかった。宰相は帝国議会の信任を必要としなかったからである。自由主義派の議員たちは、まず帝国議会が帝国政府の政治的責任を問える状態をつくりだそうとして、宰相以下複数の大臣によって構成される帝国内閣制を導入するよう繰り返し要求した。これにたいしてビスマルクは、宰相は連邦参議院、つまり二五の諸邦政府の全体を代表しているのである(宰相は連邦参議院の議長でもあった)という建前を決してゆずろうとせず、部下たちに「帝国政府」といわないで複数形の「同盟諸邦政府」という表現を用いるよう厳命した。一見したところ政府権力が分散しているようにみえ、したがって政治的責任の所在が曖昧化《あいまい》▲するという状態を、帝国議会は結局打破するこ

▼三級選挙権　満二四歳以上の成人男子普通選挙権だが、選挙民を納税額に応じて第一級から第三級に分け、原則として各級で同数の選挙人を選んだ不平等・間接選挙権。投票も公開でおこなわれた。

▼政治的責任の曖昧化　ビスマルクがしばしば長期にわたってベルリンから遠く離れた自分の領地に滞在する状態のなか、一八七八年に宰相代理法が制定された。いわゆる副宰相が設けられ各帝国長官が宰相の権限を代行することが可能になったが、自由主義派が求めていた帝国内閣制にはほど遠かった。

とができなかった。さらに、法案は帝国議会を回避して、異なる選挙制度のもとで、しだいに帝国議会よりも保守的色彩を強めていったプロイセン下院をへる道、すなわちプロイセンの立法として処理する道もありえたのである。このことが帝国議会の立場をいっそう困難なものとしたのだった。

「議会における自由主義時代」

さきにも述べたように、一八六七年から一〇年間ほどの期間は「議会における自由主義時代」とも呼ばれる。この時期の北ドイツ連邦議会・ドイツ帝国議会においては、単独過半数には遠くおよばなかったとはいえ、国民自由党が最大の勢力を占め、自由主義左派のドイツ進歩党を加えれば全体としての自由主義勢力が保守勢力を圧倒する位置を占めていたからである。プロイセンの保守勢力の多数派が、ビスマルクのもとで実現したドイツ統一のあり方に大きな不満をいだいていたもとで、彼は、国民自由党、そして彼を支持した保守主義者たちの自由保守党(帝国党)との協力関係を基盤として、帝国の政治を運営した。宰相府長官のデルブリュック▲をはじめとして、この時期の帝国の高級官僚やプ

▼**ルードルフ・デルブリュック**(一八一七〜一九〇三)　プロイセンの官僚。一八四八年に商務省の局長となり、六七〜七六年に宰相府長官を務めた。彼の辞任は経済自由主義的政策からの転換の兆しと受け止められた。一八九一年に受爵。

ロイセンの大臣にも国民自由党と良好な関係にある人が多かった。

立法活動の面でビスマルクと国民自由党とを結びつけていたのは、とりわけ、統一国家としてさまざまな基本的法制度を整備する必要があるという現実だった。統一的な刑法典や営業法・銀行法・出版法・軍事法・司法関係諸法などが制定され、度量衡と通貨も統一された。国民自由党、とくに活発な活動を展開していた同党左派の議員たちからみれば、これらの立法活動は「妥協の政策」にほかならなかった。帝国出版法▲や帝国軍事法(七年法)▲の成立過程にみられるように、彼らは自由主義勢力の年来の主張をかなりの程度までゆずらざるをえなかったからである。しかし、彼らは、そのように協力関係を積み重ねることをとおして、帝国議会の地位を高め、帝国を自由主義的な方向に発展させることができると期待していた。これにたいしてビスマルクの側は、国民自由党の少なくとも左派を排除したいという考えを強めていった。

カトリックとの文化闘争

ドイツ帝国の国内を大きくゆさぶった最初のできごとがカトリック教会との

▼**帝国出版法**　一八七四年に制定。自由主義派が問題としたのは、編集者に証言が義務づけられた点と出版犯罪が陪審制によって裁かれない点だった。

▼**帝国軍事法**(七年法)　一八七四年に制定。軍事予算に対する帝国議会の審議権が争点となった。軍部は平時の兵員数と一人当たりの費用を法律で固定する恒久予算制を主張し、国民自由党左派や進歩党は毎年審議の対象とするよう主張した。結局七年間固定するという妥協が国民自由党との間で成立した。

文化闘争▲だったが、これも「自由主義時代」の一つの側面だった。その背景をなしていたのは、世俗的支配権を失うか、あるいは脅かされていたカトリック教会が、ローマ教皇を頂点とする信仰組織として体勢を立て直し、近代化の流れに挑戦する姿勢を強めたことだった。その結果、時期は国によって異なっていたが、カトリック教会と世俗権力や自由主義勢力との対決がヨーロッパの広い範囲で起こった。したがって、基本的に文化闘争はドイツの自由主義者たちにとっても歓迎するべきことであり、そもそも「文化闘争」という言葉を最初に用いたのは、高名な医学者でありドイツ進歩党の議員でもあったフィルヒョウ▲だったのである。

　これにたいして、ビスマルクが文化闘争に踏みきった理由は、かならずしも明確ではない。この場合にも彼は、帝国建国と同時に中央党▲という「教会の自由」を要求する宗教政党が出現したこと、東部のポーランド人地域でカトリック聖職者たちが煽動活動を展開していることなど、複数の動機をあげているからである。国民自由党との関係を強化するという点でも彼にとって文化闘争は望ましかっただろう。いずれにしても、ビスマルクが文化闘争にさいしてとっ

▼文化闘争　プロテスタント系の自由主義者たちが、カトリック教会や正統派のルター派教会のような伝統的な宗教勢力に対抗して「(近代的)文化(を守るための)闘争」と位置づけたので、こう呼ぶようになった。

▼ルードルフ・フィルヒョウ(一八二一〜一九〇二)　ベルリン大学医学部教授。一八七三年一月十七日のプロイセン下院での演説ではじめて「文化闘争」という言葉を使った。

▼中央党　カトリックに限定しないキリスト教政党であることを謳っていたが、実質的にはカトリック教会を基盤としていた。

た措置は極めて抑圧的なものだった。それらの措置のなかには、聖職者が教会で政治的な発言をおこなうことを禁じた、いわゆる説教壇条項▲や民事婚の義務化▲のように帝国の立法として実施されたものもあったが、多くはプロイセンの立法▲としておこなわれた。帝国全体でカトリック教徒は三分の一強を占めていたが▲、もっとも数が多かったのはプロイセン邦だったからである。学校の監督権が聖職者の手から奪われ、教会の懲戒権が制限され、教会職への就任にたいして国家が拒否権をもつことが定められ、プロイセン憲法のなかの教会の自治権にかんする条項が廃止された。この結果、プロイセンのカトリック教区のほぼ四分の一は司祭が存在しないという状態が出現した。

民事婚が定着し、制度的に学校監督と教会とが切り離されるなど、文化闘争がなんの成果もあげなかったわけではないが、文化闘争は政治的には失敗に終わったといってよい。最大の勝利者は中央党だった。中央党は建前としては宗派をこえる政党だったが、事実上カトリック教徒の利益を代表する党として多くのカトリック選挙民の票を集めて一八七四年の総選挙で議席を大きくふやし、これ以降、つねに帝国議会のほぼ四分の一の議席を占め、ポーランド議員団や

▼説教壇条項　一八七一年に刑法典に追加され一九五三年まで存続した。違反者は禁固二年以下の刑に処された。

▼民事婚の義務化　プロイセンでは一八七四年に導入されていたが、七五年の婚姻法で帝国全土に広げられた。

▼プロイセンの文化闘争立法　一八七三年五月に制定された一連の法律(いわゆる「五月法」)が一つのピークをなし、七五年にさらにカトリック教会への圧力を強める法律が制定された。

▼カトリック教徒の割合　一八七一年のドイツ帝国の人口四一〇六万のうち三六・二%の一四八七万がカトリックだったが、絶対数がもっとも多かった邦はプロイセン(八二七万、邦人口の三二・五%)、ついでバイエルン(三四六万、邦人口の七一・二%)だった。

ハノーファーのヴェルフェン王家支持派などの小グループと提携してキャスティングボートを握る地位を確立していった。一八七八年に教皇がピウス九世▲から比較的柔軟なレオ十三世▲にかわったのを一つのきっかけとして、ビスマルクは八〇年代の半ばころまでには文化闘争立法を緩和して収拾する方向に向かわざるをえなかった。

社会主義者鎮圧法

内政におけるビスマルクの統治手法は「負の統合▲」と呼ばれることがある。彼が敵視した勢力に「帝国の敵」というレッテルを貼って自らの求心力を高めようとしたという意味である。文化闘争ではカトリック勢力が「帝国の敵」として位置づけられたが、第二の、そしてますます重要性をましていった「帝国の敵」が、社会主義勢力だった。さきに述べたように(一八頁参照)、一八五〇年から本格的な工業化を開始したドイツでは、工場労働者がふえはじめ、それを背景として、六〇年代にはいると、まずラサール▲がドイツ最初の労働者政党といわれる全ドイツ労働者協会(ラサール派)を結成し、ついでベーベル▲らが、

▼ピウス九世(在位一八四六～七八) 一八六四年に世俗主義と自由主義を非難する「謬説(びゅうせつ)表」を発表し、六九～七〇年の第一次ラテラノ公会議で教説にかんして教皇が誤りを犯すことはありえないというドグマを採択させた。

▼レオ十三世(在位一八七八～一九〇三) ビスマルクの依頼で一八八五年にカロリン諸島をめぐるドイツとスペインの紛争で調停役を務め、八七年の七年法改定にさいして中央党に賛成するよう圧力をかけた。

▼負の統合 敵への攻撃というネガティブなかたちをとおして、統合力を高めようとする政治手法のこと。

▼フェルディナント・ラサール(一八二五～六四) 普通選挙による労働者の政治への進出と、国家が支援する生産協同組合を主張した。一八六三年に全ドイツ労働者協会を設立。

▼アウグスト・ベーベル(一八四〇～一九一三) 手工業親方の出身で、当初は市民階層の民主派と協力しつつ活動していたが、一八六九年に社会民主労働者党を結成した。

2

Berlin 26 Nov. 1876

Ich stehe heut wie morgen zu Eurer Kaiserlichen Hoheit Befehl; lieber heut, da man nie weiß was Morgen bringt.

v. Bismarck

●――一八七六年にビスマルクが皇太子フリードリヒ・ヴィルヘルムに書いた手紙

文面は「本日でも明日でも参上いたしますが、明日は何が起こるかわかりませんので、本日のほうが望ましいかと思います」。

●――ベルリン近郊での警察による社会主義者取締り

ラサール派に対抗するかたちでマルクス▲の影響を受けた社会民主労働者党を結成した。最初の帝国議会で議席をもっていた社会主義者は二名だけだったが、ドイツの社会主義政党は一八七五年にドイツ社会主義労働者党▲へと統一され、七七年の総選挙では五〇万票近くを獲得して一二名の議員を擁するまでに成長した。翌一八七八年五月に、ウンター・デン・リンデンを馬車で通過中のヴィルヘルム一世がブリキ職人に狙撃されたできごと▲が、ビスマルクに攻勢に打って出るきっかけを与えた。皇帝は無傷であり、犯人は社会主義労働者党に一時的に所属していただけで犯行時には党となんの関係もなかったのだが、ビスマルクはただちに社会主義者を取り締まる法案を帝国議会に提出するよう指示した。急いで作成された法案は、明らかに法の平等の原則に反するものだったので、帝国議会で圧倒的多数で否決された。ところが、その後まもなくやはり社会主義労働者党とは無関係の人物による二度目の皇帝暗殺未遂事件▲が起こり、老皇帝が重傷を負った。ビスマルクはただちに帝国議会を解散して総選挙を実施し、改選後の議会でいわゆる社会主義者鎮圧法を成立させた。

　社会主義者鎮圧法は、とくに国民自由党の要求で二年半の時限立法とされた

▼カール・マルクス（一八一八〜八三）　ドイツ生まれだが、長年ロンドンで亡命生活を送った。いわゆるマルクス主義の理論を確立して世界の社会主義運動に多大な影響を与えた。

▼ドイツ社会主義労働者党　全ドイツ労働者協会（ラサール派）と社会民主労働者党（アイゼナハ派）とが一八七五年に合同して結成。マルクス主義の影響が強い、いわゆるゴータ綱領を採択した。一八九〇年にドイツ社会民主党に改称。

▼一度目の皇帝狙撃者　ヘーデル（一八五七〜七八）。斬首刑に処された。

▼二度目の皇帝狙撃者　ノビリング（一八四八〜七八）。ヘーデルとは異なり大学で農業を学んだエリートだったことも、人びとの危機感をあおった。犯行直後に自殺を試み、拘留中に死亡。

けれども、その後繰り返し延長されて一八九〇年まで効力をもった。社会主義系の組織は解散させられ、集会や出版は禁止され、指定された地域から好ましからざる人びとが追放された。しかし、選挙への参加▲は許されたので、社会主義運動はむしろこの抑圧立法のもとで大きく伸びていった。社会主義労働者党は、一八七八年と八一年の総選挙では得票数を減らしたものの、その後得票数を大きくふやしていき、九〇年の総選挙では一四〇万票以上を獲得して得票数では中央党を上回る第一党▲となった。議員数は一八七八年の九名から三五名にふえた。文化闘争の場合と同様に、あるいはそれ以上に、社会主義勢力との闘いにおいてもビスマルクは勝者となることができなかったのである。

「保守的転換」と一八八〇年代の内政

社会主義者鎮圧法の制定は、「議会における自由主義時代」の終焉《しゅうえん》と関連したできごとでもあった。というのは、この法律の制定にさいしてビスマルクの念頭にあったのは、社会主義勢力を抑圧することだけではなくて、国民自由党、とりわけその左派に打撃を与えるというねらいだったからである。二度目の皇

▼選挙への参加　帝国議会の選挙は形式的には立候補制ではなく、どこのだれへの投票なのかがはっきりわかれば有効票となったことも、社会主義政党を利した。

▼第一党　当選議員数ではまだ第四党だった。一度目の投票で過半数をえなければ第二位との決選投票に持ち込まれたこと、また選挙区割りが北ドイツ連邦の時代のままで選挙区の有権者の数に著しい差があったことが大きく不利に働いた。社会民主党が議員数でも第一党となったのは帝政期の最後の一九一二年の総選挙においてだった(一一〇名)。

帝暗殺未遂事件が起こった直後に、国民自由党は社会主義者鎮圧法の制定に協力することを申し出たのだが、ビスマルクはそれを無視して前述のように帝国議会を解散し、国民自由党はかなりの議席を減らして、かわりにドイツ保守党と帝国党が議席をふやした。▲ビスマルクにとって、議会の地位の向上をめざす国民自由党左派の存在がますます目障りなものとなっていたのである。

　その一方で、この間に経済情勢も大きく変化した。一八七三年に起こった世界恐慌▲によって、ドイツはそれまでの好況期から一転して深刻なデフレ期に突入し、重工業界を中心として保護関税を求める声が急速に高まった。他方、農業の分野でも穀物の貯蔵技術の進歩や鉄道と蒸気船の発達の結果、一八七〇年代の半ばから安価な穀物がアメリカやロシアから大量に流入しはじめたので、ドイツの農業界も保護関税を要求するようになった。ビスマルク自身も大農場の経営者として利害関係をもっていたとはいえ、彼の出発点は帝国の財源▲を大幅にふやすという点にあったのだが、最終的に彼は工業保護関税と農業保護関税とを組み合わせた保護関税法案を提出する道を選択し、一八七九年に保守党・帝国党・中央党の協力で成立させた。このことも国民自由党に大きな打撃

▼一八七八年解散総選挙による変化　一八七七年の総選挙の結果と比べて国民自由党は二九議席を失い、保守党は一九議席、帝国党も一九議席ふえた。

▼一八七三年の世界恐慌　まずウィーンの証券取引所で、そして数カ月後にはニューヨークの証券取引所でも大暴落が起こり、ドイツにも波及して、それまでの過熱ぎみだった好景気に突然終止符が打たれた。

▼帝国の財源　直接税はすべて帝国を構成する諸邦の財源であり、帝国の財源は間接税と関税や帝国の事業収入に限定されていたので、帝国財政の不足分は諸邦が拠出する邦分担金によってまかなわれていた。ビスマルクはこの状態を変えて帝国財政を自立させようとしたのだが、結局中央党との妥協によって邦分担金の制度は残った。

を与えた。関税問題にかんしては、同党議員の大多数は自由主義左派と同様に自由貿易主義を支持していたからである。まず一八七九年に保護関税を支持する右派が脱党し、ついで翌八〇年に左派も脱党して、かつて大勢力を誇っていた国民自由党は大きく勢力をそがれてしまった。プロイセンの内閣でも、文化闘争を推進した文相のファルクら、自由主義的とされていた大臣たちが更迭▲された。一八七八年から七九年にかけてのこのようなビスマルクの内政面での路線の転換は、「第二の帝国建国」あるいは「保守的転換」と呼ばれている。

　ビスマルクは明らかに「保守的転換」によって自らの地位を強めることをねらっていた。しかし、彼のねらいはかならずしも達成されたわけではなかった。軍事法案を争点とした一八八七年の解散総選挙▲で、選挙協定を結んだドイツ保守党・帝国党と右傾化した国民自由党のビスマルク支持の三党が明確な勝利をおさめたのを唯一の例外として、八〇年代のビスマルクは帝国議会に安定した多数派をもつことができなかった。そして、一八八〇年にはすでに八三歳に達していた皇帝がいつ亡くなるかわからないという問題も大きな不安材料でありつづけた。ヴィクトリア女王の長女を妃とする皇太子は、自由主義に好意的と

▼プロイセンの大臣更迭　一八七八年に内相のオイレンブルク、財務相のカンプハウゼン、商務相のアッヘンバッハ、七九年に文相のファルク、農相のフリーデンタール、法相のレオンハルトが辞任した。

▼一八八七年の解散総選挙　国民自由党・保守党・帝国党が選挙協定(カルテル)を結んだので「カルテル選挙」と称される。フランスの脅威があおられるもとで、しかも小選挙区制でおこなわれたので、三九七議席中三党で二二〇議席を獲得するという成果をあげた。

いう評判をとっており、皇位の交代は宰相の更迭につながる可能性が高いと考えられていたからである。ビスマルクにとって幸いだったことに、ヴィルヘルム一世は一八八八年まで存命し、皇太子、すなわちフリードリヒ三世は不治の癌に侵されていて九九日しか在位せず、そして若いヴィルヘルム二世▲は老宰相を当面は留任させようと考えていた。そのような不安定な状態のもとで、ビスマルクは、社会主義勢力だけでなく、親イギリス的で自由貿易主義（自由市場経済）を信奉する自由主義左派をも「帝国の敵」と位置づけて攻撃した。また、プロイセンでは、一八八〇年代半ばから東部地域でポーランド人勢力がドイツ人勢力を圧倒しつつあるという危機感をあおってポーランド人抑圧政策▲を展開した。

　一八八〇年代のビスマルクの国内政策のなかで、もっともポジティブな意味をもちえたのは、社会保険政策だった。国家による社会保険政策▲は、社会主義者鎮圧法という抑圧策を補うものとして構想されており、一八八三年に疾病《しっぺい》保険法、八四年に労災保険法、そして八九年に老齢廃疾《はいしつ》保険法が成立した。もっとも、ビスマルクの当初の意図がそのまま実現されたわけではない。最初にビ

▼ヴィルヘルム二世（在位一八八八〜一九一六）　祖父のヴィルヘルム一世を敬愛していたが、両親との関係は良好ではなかった。

軍の総帥者として盛装したヴィルヘルム二世

▼ポーランド人抑圧政策　ドイツ化教育の推進、ロシア・オーストリア国籍のポーランド人農業労働者の国外追放、ドイツ人農民の入植政策の推進など。

▼国家による社会保険政策　帝国議会での審議で自由主義派の議員たちは社会保険政策に「国家社会主義」という批判をあびせたが、ビスマルクはそのような面があることをあえて否定せず、むしろ国家が労働者に恩恵をほどこす義務と、そこから期待される効果とを強調した。

スマルクが帝国議会に提出したのは労災保険法案だったが、そのさいに彼は低賃金の労働者の保険料を帝国が負担することをもっとも重視し、そのために全体を管理する帝国保険施設を新設することを想定していた。しかし、どちらも自由主義派だけでなく中央党の反対に遭って実現できず、まず比較的に反対が少なかった疾病保険法が先行して成立し、労災保険法は以上二つの点を除いたかたちで成立したのだった。そして、社会保険政策は、社会主義政党への労働者たちの支持を弱めるような効果も発揮しなかった。もともと給付水準がかなり低かった▲ためだけでなく、ビスマルクが労働者保護政策▲を推進することに消極的な姿勢をとりつづけていたためでもある。とはいえ、やがて大きく発展していくことになる制度の土台を築いたという点で、一八八〇年代の社会保険政策は重要な成果といえるだろう。

ドイツ帝国の安全保障を求めて

ビスマルク時代のドイツ帝国は、たしかに国内に深刻な対立や緊張をかかえていたけれども、そのことで帝国の存立が大きくゆらぐようなことはなかった。

▼給付水準の低さ　例えば老齢年金の場合、支給されるのは満七〇歳からであり、支給額もそれだけで生活できるような水準ではなかった。

▼労働者保護政策　児童労働・女性労働の禁止や制限、労働時間の上限設定など。ビスマルクが消極的な態度をとる理由としてとくに好んであげたのは、ドイツ経済の国際的な競争力を低下させるということだった。

これにたいして、対外的には、はじめからはるかに危うい地位に立たされていた。普墺戦争からわずか五年のうちに、ヨーロッパ五大国のなかの五番目の位置を占めていたプロイセンが、一挙にドイツ帝国へと拡大し、どの大国にとっても重大な脅威となるだけの力をもつようになった。したがって、ビスマルクのドイツは、はたして一八七一年の国境に満足するのだろうかという根深い不信感に取り囲まれていたのである。ドイツ以外の四大国のうち、フランスとの関係はエルザス・ロートリンゲンを奪ったために敵対関係として固定されてしまったもとで、ロシア・イギリス・オーストリア＝ハンガリーを相手としてどうすればドイツの安全保障を確保できるのか、ビスマルクにしても明確な処方箋を持ち合わせていたわけではなかった。

なるほど、一八七三年にビスマルクはロシア・オーストリア＝ハンガリーとの間に三帝協約▲を成立させた。しかし、この協約は、一般的な言葉で三国の友好協力関係を宣言したものにすぎず、ドイツにとって安全保障となりうるような具体的な約束を含むものではなかった。その後、一八七五年の春に、フランスが幹部法▲を成立させたことをきっかけとして起こった「目前の戦争」危機▲は、

▼三帝協約　ロシア皇帝とオーストリア皇帝がベルリンを訪問したのをきっかけに交渉が始まり、一八七三年十月に最終的に成立した。

▼幹部法　フランス陸軍の兵員数はそのままとしたうえで、一個連隊当たりの大隊を一つふやした。それゆえ当面は大隊を構成する兵員数は減ったものの、陸軍の規模の拡大に道を開いた。

▼「目前の戦争」危機　ビスマルクの影響下にある新聞に「戦争は目前に迫っているか」というタイトルの論文が掲載されたことから、こう称されるようになった。

ドイツの国際的な立場の危うさをあらためてビスマルクに痛感させたと思われる。すなわち、ビスマルクはフランスにたいしてかなり露骨に予防戦争▲の脅しをかけたのだが、フランスがロシア・イギリス両国にドイツの脅威を訴えて、両国が介入する姿勢を示したので、ビスマルクは幹部法を黙認して撤退せざるをえなかったのである。このような経験にもとづきながら、彼はドイツの安全保障のための処方箋を模索しつづけていくのだが、そのさいに、この時期、イギリスとロシアとが東アジアから中央アジアをへて黒海・バルカンにいたる広い範囲で対抗関係にあったこと、そしてイギリスとフランスとが地中海と北アフリカにおいて対抗関係にあったことが、彼を大きく助けた。

　ビスマルクがドイツの安全保障を確保するための基本的構想を記した文書としてよく知られているのが、ロシア・トルコ（露土）戦争▲が始まってまもない一八七七年六月に静養中のキッシンゲン温泉で子息のヘルベルト▲に書き取らせた「キッシンゲン口述書」である。このなかで彼が述べている基本構想は、ドイツ自身は局外者の立場に立ちつつ、ドイツ以外の諸大国が黒海・バルカンから北アフリカにかけた地域で対抗し合う状況を維持していくというものだった。

▼**予防戦争**　敵になりうるとみなされる国が戦力をつける前に先制攻撃をしかけて叩くという戦争。

▼**ロシア・トルコ**（露土）**戦争**（第八次）　ロシアがセルビア人とブルガリア人のオスマン帝国への抵抗を支援して一八七七年四月にオスマン帝国に宣戦。七八年一月末にオスマン帝国が停戦を申し出て三月三日にサン・ステファノ講和条約が結ばれた。

▼**ヘルベルト**（一八四九〜一九〇四）　ビスマルクの長男。一八七四年に外交官となり、八六年から帝国外務長官。父親が辞任したときにヴィルヘルム二世は外務長官に留任することを求めたが、留任を拒否。

ベルリン会議（A・v・ヴェルナー画）一八七八年七月十三日にベルリン条約が調印されたときの様子を描いている。

ビスマルクはこのことを、「フランスを除くすべての列強が、わが国を必要としていて、しかも列強相互間の関係のゆえにわが国に敵対する同盟を形成することができるだけ妨げられている、そのような一般的政治状況」と表現している。

そのような基本構想を、いわば実地に移す機会がその一年後に訪れた。露土戦争に勝利をおさめたロシアはオスマン帝国との間にサン・ステファノ講和条約を結んだが、この講和条約はとくにロシアの影響下にあるブルガリアの領土を大きく拡大するものであったので、イギリスとオーストリア＝ハンガリーが強く反発し、イギリスとロシアの間で戦争の危機が迫った。それを収拾するための国際会議がロシアの要望によりベルリンで一八七八年六月から七月にかけて開かれた。ビスマルクは、帝国議会で、この会議でドイツは「誠実な仲立ち人」としての役割をはたすと宣言した。実際に彼は列強間の利害調整に徹して、ドイツのためにいかなる代償をも求めなかった。そのためにドイツが新たな拡張をめざしているのではないかという不信感はほぼ払拭《ふっしょく》された。ヨーロッパ外交における真の「ビスマルク時代」がこのときから始まったといってよい。

同盟システムの構築へ

　ところが、ベルリン会議は思わざる副作用をもたらすことになった。ビスマルクがベルリン会議でロシアの立場を十分に支持してくれなかったために一方的な譲歩に追い込まれたのだという不満▲が、ロシア国内で急速に高まり、ドイツとロシアの関係が著しく悪化してしまったのである。そこでビスマルクは、以前からオーストリア＝ハンガリーが要望していた同盟条約を、ヴィルヘルム一世の反対を押し切って締結することに踏みきった。秘密軍事同盟である独墺同盟条約▲は、ロシアが戦争をしかけてきた場合に、両国が共同して戦うことを約束した。しかし、フランスにかんしては、オーストリア＝ハンガリーはフランス、ロシア両国が提携して攻撃をしかけてくる場合には参戦の義務を負うものの、ドイツ・フランス間だけの戦争の場合には好意的中立の立場をとることを約束しただけだった。したがって、独墺同盟は、それだけではドイツに十分な安全保障を提供してくれるものではなかった。その意味で、この同盟は、つぎつぎと同盟条約を積み重ねていったビスマルクの同盟外交の最初の一歩とい

▼ロシアの不満　ベルリン会議（ベルリン条約）によってサン・ステファノ条約が破棄され、とくにロシアの影響下のブルガリアが大きく縮小されるなど、南下政策に歯止めがかけられたので、ロシアは強い不満をいだいた。

▼独墺同盟条約　一八七九年十月七日に成立。五年間の期限つきだったが、第一次世界大戦まで更新されつづけた。

▼**三帝条約**　一八八一年六月十八日に成立したドイツ・ロシア・オーストリア＝ハンガリー三国の同盟条約。三年の期限つきで、一八八四年に更新されたが、八七年には更新できる状態ではなく解消された。

う位置を占めざるをえなかったのである。

独墺同盟が締結される直前の時期に、ビスマルクはロシアの最大のライバルであるイギリスに接近しようとする行動をとった。この動きを察知したロシア側が、一八七三年のドイツ・ロシア・オーストリア＝ハンガリー間の三帝協約を復活させることを提案してきた。これを受けて成立したのが二番目の軍事同盟である三帝条約▲だった。組合せは同じであっても、三帝条約は三帝協約と本質的に性格を異にしていた。三帝協約は、世界に向かって三国の友好協力関係を一般的なかたちで宣言したものだった。これにたいして、三帝条約は、具体的な取決めを、しかも秘密条約というかたちで約束し合ったものだった。このことは、それだけたがいの利害の調整が困難になってしまっていたことを意味する。この条約では、第四国との戦争、すなわちドイツがフランスと、またロシアがイギリスと戦う場合に他の二国は好意的中立の立場をとること、そしてバルカンにかんして三国が十分に協議して行動することが約束された。ビスマルクにとって、とくに後者の点はロシア・オーストリア＝ハンガリー両国の衝突を阻止する手がかりをえたという意味で独墺同盟を補強するものだっただろ

▼**独墺伊三国同盟条約**　一八八二年五月二十日に成立。五年の期限つきで、一八八七年の一回目の更新時にはイタリアのバルカンと北アフリカへの進出を支援する内容が加えられた。計四回更新されたが、第一次世界大戦が始まるとイタリアは同盟から脱退した。

うが、まさにそのロシア・オーストリア＝ハンガリー両国の利害の対立が彼のコントロールの効かないかたちで進行するとき、この同盟は崩壊せざるをえなかった。

翌一八八二年に成立した三番目の秘密軍事同盟が、独墺伊三国同盟条約である▲。この同盟は、チュニジアへの進出をねらっていたイタリアが、フランスにチュニジアを奪われたためにドイツに接近してきたことに始まる。この条約では、フランスがイタリアを攻撃した場合にはドイツ・オーストリア＝ハンガリー両国も参戦すること、フランスがドイツを攻撃した場合にはイタリアも参戦すること、さらにロシアとフランスが提携して開戦した場合には三国が同時に参戦することが約束され、また、オーストリア＝ハンガリーがロシアと開戦せざるをえないと判断した場合にはイタリアが好意的中立の立場をとることが約束された。さらに、付属文書において、この同盟はイギリスに矛先を向けたものではないことが明記されたが、実際、イタリアが地中海に長い海岸線をもち、イギリスが地中海で最大の海軍力を擁していたことを考えれば、この同盟はイギリスを敵にまわしては成り立ちえないものだった。

こうして、一八八〇年代前半のヨーロッパに、ドイツを中心とする、そして方向性がまったく異なる三つの秘密軍事同盟が成立した。独墺同盟はロシアを仮想敵国とし、三帝条約はそのロシアがイギリスと戦う場合にロシアを支持することをも想定し、そして三国同盟はフランスを第一の仮想敵国とするとともに、イギリスとの友好関係を絶対的な条件としていた。このような異なる方向性から生じる矛盾が露呈しないですむのは、列強間の利害対立が戦争にまでエスカレートしない間だけであり、そしてそのようにエスカレートする事態の出現を防ぐのが、ビスマルクの基本的目標だったといえよう。そのような意味で、ビスマルク外交はたしかに「平和外交」ともいいうるだろう。

「二重危機」から再保障条約へ

ところが、一八八五年から八七年にかけて、ビスマルクはふたたび大きな国際危機に直面することになった。それが、東のブルガリア危機と西のブーランジェ危機とから成る「二重危機▲」である。最初に起こったのは、バルカンのブルガリア危機だった。ベルリン会議でブルガリアは南北に分断され、南の東ル

▼**二重危機**　ドイツからみて、対ロシア危機であるブルガリア危機と対フランス危機であるブーランジェ危機とが時期的にかさなりながら進行したので、こう呼ばれる。

メリア地方はオスマン帝国下の自治領となっていたのだが、その東ルメリアでブルガリアとの再統合を求める蜂起が起こり、ブルガリア侯は再統合を宣言した。ベルリン会議の時点では、これはロシアにとって都合のいいできごとだったはずだが、その後ブルガリアではロシアからの自立を求める動きが強まってブルガリア侯がその先頭に立つようになっていたので、イギリスがブルガリア侯を支持し、ロシアがそれに反発するという逆の図式が成立していた。ブルガリア侯アレクサンドル▲はロシア軍将校によって国外に拉致《らち》され、結局一八八六年に退位に追い込まれたが、事態を悪化させたのは、オーストリア＝ハンガリーがこの機会に自国の影響力を拡大しようという行動を起こしたことである。オーストリア＝ハンガリーはブルガリアに戦争をしかけたセルビアを支援し、また、新しいブルガリア侯▲にはオーストリアが推挙した人物が選出された。ビスマルクはオーストリア＝ハンガリーの行動を批判したのだけれども、ロシア国内ではオーストリア＝ハンガリーの行動の背後にはドイツの了解があるという受け止め方が強かったので、ふたたびドイツ・ロシア関係が著しく悪化してしまった。三帝条約は一八八七年に期限をむかえたが、その更新はもはや考え

▼**ブルガリア侯アレクサンドル**（在位一八七九〜八六）　ヘッセン大公の孫でロシア皇帝アレクサンドル二世の甥。露土戦争でロシア軍に参加し、一八七九年にブルガリア侯に選出されるが八六年に親ロシア派の将校たちの圧力で退位に追い込まれた。

▼**新しいブルガリア侯**（在位一八八六〜一九一八）　ザクセン・コーブルク・コハリ家のフェルディナント。父親はオーストリア軍の将軍。一九〇八年からブルガリア皇帝を称し、一八年に退位。

られなかった。

　フランスとのブーランジェ危機は、対ドイツ報復戦を唱えて人気があったブーランジェ将軍▲が一八八六年初めに陸相に就任してから始まり、一八八七年四月のシュネーベル事件▲で頂点に達した。しかし、実際には当時独仏戦争が起こる可能性はほとんどなかった。ブーランジェの言動に共鳴するフランス国民は多かったものの、シュネーベルの逮捕にたいしてドイツに最後通牒をつきつけるべきだという彼の提案は閣議で拒否され、五月には陸相を罷免《ひめん》された。ビスマルクは国内にむかってはブーランジェ危機のほうをあおり立てたけれども、実際には対ロシア関係の悪化のほうがはるかに深刻だった。ロシア・オーストリア＝ハンガリー間の利害対立がコントロール不能な状態でドイツに直接はねかえってくるという状況に直面したからである。ドイツ軍の内部ではロシアとの開戦を求める声が強まった。

　そのような状況に直面したもとで、ビスマルクはイギリスへの接近策を展開した。その結果成立したのが、ドイツは加わらなかったとはいえビスマルクによって推進されたイギリス・オーストリア＝ハンガリー・イタリア三国の地中

▼ブーランジェ将軍（一八三七〜九一）　一八八六年一月〜八七年五月フランス陸相。辞職後に議会選挙への立候補を主たる手段とするブーランジェ運動を展開するが、告発されてベルギーに逃れ、一八九一年に自殺。

▼シュネーベル事件　ドイツ側からスパイの疑いをかけられたフランスの税関役人のシュネーベルがドイツ領内におびき出されて逮捕された事件。シュネーベルはビスマルクの指示で一〇日後に釈放された。

フリードリヒスルーの書斎でのビスマルク（一八八六年十二月二十七日）

海協定▲、とくに一八八七年十二月の第二次地中海協定である。この協定では、オスマン帝国の主権の尊重をうたいながらも、ロシアがブルガリアやダーダネルス・ボスポラス海峡に進出しようとする場合には武力を行使して阻止することが約束されていた。他方において、三帝条約にかわるドイツ・ロシア両国だけの条約を結ぶことを求めてきたロシアの提案を受けて締結されたのが、再保障条約だった▲。この条約で両国は、オーストリア＝ハンガリーがロシアを攻撃し、フランスがドイツを攻撃した場合、それぞれ好意的中立の立場をとることを約束した。さらに、ブルガリアをロシアの勢力圏として認定し、ロシアがダーダネルス・ボスポラスの防衛に乗り出さざるをえないと判断した場合、ドイツがロシアを道義的・外交的に支援することを約束した。この条約はもっとも秘密度が高い同盟条約であり、本条約とまったく同じ効力をもつ付属議定書が存在していたことは、ボリシェヴィキ政権による戦前の秘密外交の暴露によってはじめて明らかとなった。

　再保障条約は、明らかにオーストリア＝ハンガリーとイギリスとにたいして矛先を向けたものであり、他の同盟条約と基本的方向性がはなはだしく矛盾し

▼地中海協定　第一次協定が一八八七年二月から三月にかけて、第二次協定（オリエント三国同盟とも呼ばれる）が十二月に成立した。ビスマルクはとくにイギリスにたいして協定の締結を強く促した。

▼再保障条約　一八八七年六月十八日に成立。再保険条約と邦訳されることもある。ロシア側は五年の期限つきとするよう提案してきたが、ビスマルクは三年に短縮するよう主張し、その結果ビスマルクの辞任直後に期限切れをむかえることになった。

ていた。とりわけドイツが支援して結ばれた第二次地中海協定とは、文言においてもあい反する内容をもっていた。そのためにかたく秘密が保たれたのだが、両国の国内世論に完全に逆行して結ばれたという意味でも秘密を厳守する必要があった。再保障条約の締結によって外交のレベルではドイツ・ロシア関係の緊張緩和がもたらされたかもしれないが、とくに経済関係のレベルではむしろ対立が深まっていった。ドイツの農業保護関税の引上げは、農産物の輸出によって工業化の資金を確保していたロシアに打撃を与えた。さらに、再保障条約を締結して数カ月後に、ドイツは「ロンバート（動産担保貸付）禁止令」を布告してベルリンの金融市場からロシアの有価証券を閉め出した。この結果、ロシアはパリの市場で資金を調達するようになり、金融面での両国の関係が深まっていく。ビスマルク自身、ドイツ・ロシア関係が危ういものであることを十分に承知していた。再保障条約について、彼はつぎのように評している。「ロシアでは、われわれ両国間の関係はアレクサンドル皇帝▲のみを基盤としている。それ以外に樽の底はないのだ。この底を取り払ってしまえば、樽の中身はすべて流れ出てしまう」。再保障条約は三年の期限つき条約だったので一八九〇年

▼**アレクサンドル皇帝**　ロシア皇帝アレクサンドル三世（在位一八八一〜九四）。ロシアの帝室とプロイセン王家との間には婚姻をとおして親密な関係が存在していた。

▼イギリスへの同盟締結打診　一八八九年三月にビスマルクの子息で外務長官のヘルベルトが訪英して首相のソールズベリ卿（一八三〇～一九〇三）と会談したが、ソールズベリ卿は提案を棚上げすると回答した。

フリードリヒスルーで愛犬とともに
（一八九一年七月六日）

に期限切れをむかえたが、ビスマルク辞任後のドイツ帝国の指導者たちは、他の同盟との論理的整合性を保ちがたいこの条約を更新しないという判断をくだしたのだった。

再保障条約を締結したあともロシアとの関係が基本的な部分で好転しなかった状況のもとで、ビスマルクは、ロシアの最大のライバルであったイギリスにたいして同盟の締結を打診する▲という行動にでる。当時のイギリスが正式な同盟を結ぶことを避ける方針をとっていたことはビスマルクも承知していたはずなので、彼のこの行動の意図をめぐってはさまざまな議論が展開されてきている。いずれにしても、フランス以外の諸大国を相手としてビスマルクが築き上げてきた複雑な同盟システム（いわゆるビスマルク体制）が、一種の手づまり状態に陥りつつあったことは確かであり、イギリスへの提案もその一つの表れと解釈することは可能だろう。

ビスマルクの辞任

ビスマルクと、自らが支配者であるという自負心を強くいだいたヴィルヘル

▼炭鉱ストライキ　一八八九年四月下旬からルール地方の炭鉱夫たちが賃金の引上げと労働条件の改善を求めてストライキを開始し、約九割の炭鉱夫が参加するまでに拡大した。ヴィルヘルム二世は五月に炭鉱夫の代表団と会い、ストライキを非難したものの調査を約束した。ストライキは直接的な成果をあげることなく六月初めに中止されたが、九一年六月の営業法改正による労働者保護の強化の一つのきっかけとなった。

ム二世との関係は、時がたつにつれて悪化していき、とうとう一八九〇年の三月には修復不可能なレベルに達した。両者の具体的な対立点はいくつかの分野にわたっていた。対外政策の面では、皇帝がロシアが軍事行動を起こしつつあると危惧していたのにたいして、宰相は当面その恐れはないと判断していた。また、ビスマルクが古いプロイセンの官房令を持ち出して、個々の大臣が首相をへないで直接君主に意見を具申することを禁じたのにたいして、ヴィルヘルムは立腹した。さらに、労働者保護問題をめぐっても、両者の姿勢は大きく異なっていた。皇帝が前年に起こった大規模な炭鉱ストライキ▲にたいして炭鉱労働者たちに同情的な姿勢を示し、国際的な取決めによる労働条件の改善に意欲的な姿勢をとっていたのにたいして、宰相はあい変わらず労働者保護に消極的な姿勢をくずさなかった。すでにビスマルクはカルテル三党内の対立のために社会主義者鎮圧法の延長に失敗し、その直後の帝国議会総選挙でもカルテル三党が敗れて、政治的な敗北を喫していた。三月十八日にビスマルクは辞表を提出し、二十日に受理された。形式的には宰相から辞任を願い出たかたちだったが、実際には罷免であり、彼を引きとめようとする人はほとんどだれもいなかった。だが、冒頭で述べたように、まさにそのときからビスマルクの「神話化」が始まったのである。

どのような国家をつくったのか

ビスマルクはどのような国家をつくりあげ、どのように運営したのか、もう一度振り返ってみよう。

まず、政治システムという点では、ドイツ帝国はかなり複雑な仕組みをもっていた。立法においても行政においても、帝国と、個々の諸邦、とりわけプロイセンという巨大な邦とが入り組んだ二重構造をなしていた。議会にかんしていえば普通平等選挙権で選出された帝国議会とプロイセン下院のように不平等選挙権で選出された諸邦議会とが並存し、内閣制ではない帝国政府とともに内閣制の諸邦政府が存在していた。このような複雑さは、さきにも述べたように、国家連合としてのドイツ連邦を土台として連邦国家に衣替えさせたことを出発点としていたのだが、同時にビスマルク個人の権力にとっても好都合なものだった。実質的に帝国とプロイセンとの双方の政府を掌握することによって、彼は卓越した地位を確保したからである。そして複数の役職を兼ねることによって自らの権力をかためる一方で、自らの地位を脅かしかねないと恐れた人びとを、ビスマルクは容赦なく攻撃▲した。

たしかに、すでに北ドイツ連邦憲法の制定時に自由主義者たちが、ビスマルクはこの政治システムを「自分の体に合わせてつくったのだ」と評していたように、彼の権力は強大なものだった。かつて一九七〇年代ころの西ドイツの歴史学界では、彼をナポレオン三世になぞらえて、彼のもとの統治システムを「ボナパルト主義▲」や「カエサル主義」と定義しようとする傾向が強かったが、そのような捉え方も、ドイツ帝国の政治を自在に操作する絶対的な権力者というイメージを強めた。しかし、もちろんビスマルクはすべてを操作できたわけではない。彼の権力はつねにドイツ皇帝でありプロイセン王である君主に依存していた。また、文化闘争にしても社会主義勢力との闘いにしても、そして保護関税政策への転換にしても、それを実行した形態には特殊ドイツ的・特殊ビスマルク的な側面はあっただろうが、いずれも当時のヨーロッパ諸国に共通してみられた潮流に対処したものだったし、しかも、それらの対処において、ビ

▼ビスマルクによる攻撃　宰相のポストをねらっているのではないかと彼が疑って容赦ない攻撃を加えた代表的な例が、一八七二年から駐仏大使を務めていたハリー・フォン・アルニム伯爵(一八二四〜八一)への扱いである。対仏政策の方針をめぐってビスマルクと対立した彼は七四年の初めに召還されたが、そのさいに大使館の文書を持ち出したのを理由に告訴されて不在のまま禁固五年の判決を受け、帰国できないまま亡くなった。

▼ボナパルト主義　かつてドイツの歴史学界でビスマルクの統治体制をこう規定していた代表的な学者はハンス＝ウルリッヒ・ヴェーラー(一九三一〜二〇一四)だったが、その後彼はそれを自ら否定して「カリスマ的支配」と規定するにいたっている。

スマルクが十分な成功をおさめたとはいえない。

同様のことは外交政策についてもあてはまる。たしかにビスマルクはドイツ史上もっとも傑出した外交政治家だったといっていいだろう。「五つのガラス玉をあやつる」とは、ヴィルヘルム一世が彼の複雑で精妙な外交政策を評して述べた言葉である。しかし、この点でも、変転する状況への対処という性格が色濃く見受けられる。さきに述べたように、独墺同盟に始まる同盟システムの構築は、「キッシンゲン口述書」で表明されたような彼の基本的なコンセプトが危機に陥ったことを出発点としており、そして、ほとんどの場合に同盟締結の最初のきっかけは相手国の側からもたらされた。何人かの歴史学者は一八八〇年代のビスマルクの外交政策を「急場しのぎの政策」と評しているが、たしかに、複雑な同盟システムを彼が綿密な計画にもとづいてつくりあげたとは考えがたい。

しかし、ともかくもビスマルクは大国間の戦争が勃発《ぼっぱつ》するのを阻止することには成功した。それは、彼自身が繰り返し強調しているように、ドイツ帝国が自ら新たな勢力圏や領土を求めないで「自制」▲したからだった。もっとも、一

▼自制　ビスマルクは一八八七年一月の帝国議会で、ドイツは「満ち足りた国」であって「武力で獲得したいと思うようなものはなにもない」と宣言している。

八八四年から八五年にかけて、ビスマルクはヨーロッパから遠く離れたアフリカや南太平洋でドイツの民間人が進出していた地域を帝国の保護のもとにおく政策▲を展開し、ドイツ領植民地の土台を築いた。もともと植民地獲得には無関心だった彼が、なぜこの特定の時期にだけそのような政策をとったのかという問題にかんしてはいくつかの解釈▲が存在する。だが、ビスマルク自身の動機がどうだったのであれ、いっそう重要なのは、この政策がもたらした結果のほうだった。ドイツが獲得した地域は経済的価値が乏しいところばかりだったので、いっそう価値の高い「陽のあたる場所」への進出を求める声がますます高まっていったのである。

　ビスマルクがつくりあげた帝国は、彼が宰相であった二〇年間にダイナミックでモダンな大国として発展していった。人口は四一〇〇万から五〇〇〇万近くに増加し、さらにふえつづけた。鉱工業の生産高はほぼ倍増し、一八八〇年代の末には鉱工業の生産高が第一次産業部門のそれを上回って、ドイツは明確に工業国に変貌した。そのような発展のもとで、とりわけ若い世代の人びとは、長年にわたって頂点に立ちつづけた老宰相をますます重苦しい重しと感じるよ

▼ドイツ帝国が保護下においた地域　アフリカではトーゴ・カメルーン・南西アフリカ(現ナミビア)・東アフリカ(現タンザニア)・太平洋では北東ニューギニアとビスマルク諸島。ビスマルクの意図に反して民間会社にはこれらの地域を支配する能力がなく結局帝国が運営に乗り出さざるをえなくなった。

▼いくつかの解釈　その一つにいわゆる「皇太子テーゼ」がある。ヴィルヘルム一世が高齢でいつでも帝位の交替が起こりうる状況のもとで、海外でイギリスの勢力圏に割り込むような政策をとることで親自由主義的で親英的という評判があった皇太子を牽制し、皇太子の即位に期待をかけていた自由主義左派勢力に打撃を与えようとしたのだという解釈である。

うになり、彼が退いたあとの「世界政策▲」、すなわち積極的な帝国主義政策を歓迎した。そのような動きはドイツ帝国の「自制」というビスマルクが追求した安全保障策の大前提を掘りくずすものだったのだが、ナショナリズム勢力によって「神話化」された辞任後のビスマルクは、むしろそのような動きを助長する役割をはたすことになったのだった

しかし、結局は第一次世界大戦という破局につうじることになるそのような展開の決定的な原因を、もっぱらビスマルク個人に求めるのは無理があるだろう。政治家ビスマルクが歴史において占めるもっとも重要な位置は、ドイツ帝国をつくりあげたという点にあり、そしてその帝国は、ダイナミックな力とともに危うい発展の芽をはらんでいたということだろう。

▼世界政策　第一次世界大戦までのドイツの帝国主義政策はしばしばこの言葉で表現される。皇帝ヴィルヘルム二世が一八九六年一月十八日の演説で「ドイツ帝国は世界帝国となった」と宣言したことが、この言葉を広める一つのきっかけとなった。

フリードリヒスルーでヴィルヘルム二世を迎えるビスマルク（一八九五年三月二十六日）

ビスマルク年表

西暦	齢	おもな事項
1815		*4*- シェーンハウゼンで父フェルディナントの第四子として生まれる
		6- ワーテルローの戦い。ウィーン会議の終了
1821	5	*1*- 兄も在学していたベルリンの寄宿学校に入学
1832	17	*5*- ゲッティンゲン大学法学部入学。翌年11月にベルリン大学に転校
1836	21	*7*- アーヘン県庁で試補勤務開始
1837	22	*9*- ポツダム県庁に転勤。翌年3月から一年志願兵勤務
1839	24	*10*- 退職して農場経営者に
1847	32	*5* ザクセン州選出の補欠議員として連合州議会に参加。*7*- ヨハナ・フォン・プトカマーと結婚
1848	32	*3*- ドイツ諸国で三月革命起こる
1849	33	*2*- プロイセン下院議員に当選。*4*- プロイセン王が帝位を拒否
1851	35	*5*- ドイツ連邦議会駐在公使に就任
1856	40	*3*- クリミア戦争のパリ講和条約
1858	43	*10*- 王弟ヴィルヘルムが摂政に就任。1861年にプロイセン王に即位
1859	43	*3*- ロシア駐在公使に転任。*5*- イタリア統一戦争の開戦
1862	47	*5*- フランス駐在公使に転任。*9*- 暫定首相，翌月正式に首相兼外相に就任
1864	48	*2*- デンマークと開戦
1866	51	*6*- 普墺戦争の開戦。*7*- ニコルスブルク仮講和条約
1867	52	*7*- プロセインを盟主として結成された北ドイツ連邦の憲法が発効
1870	55	*7*- 独仏戦争（普仏戦争）の開戦。*9*- ナポレオン3世が降伏
1871	55	*1*- ヴェルサイユ宮殿でドイツ皇帝即位宣言式
	56	*4*- ドイツ帝国憲法が発効
1873	58	*10*- 独墺露の三帝協約
1878	63	*6*- 翌月までベルリン会議を開催。*10*- 社会主義者鎮圧法の成立
1879	64	*7*- 工業・農業保護関税法の成立。*10*- 独墺同盟条約
1881	66	*6*- 独墺露の三帝条約
1882	67	*5*- 独墺伊三国同盟条約
1887	72	*6*- 独露再保障条約。*12*- 第二次地中海協定
1888	72	*3*- ヴィルヘルム1世が90歳で死去
	73	*6*- フリードリヒ3世が死去し，ヴィルヘルム2世が即位
1890	74	*3*- ビスマルクがすべての職を辞任
1894	79	*11*- ヨハナ夫人が死去
1898	83	*7*- ビスマルクがフリードリヒスルーの館で死去

参考文献

エーリッヒ・アイク（救仁郷繁ほか訳）『ビスマルク伝』全8巻，ぺりかん社，1993－99年
飯田洋介『ビスマルクと大英帝国――伝統的外交手法の可能性と限界』勁草書房，2010年
飯田洋介『ビスマルク――ドイツ帝国を築いた政治外交術』中公新書，2015年
ハンス-ウルリヒ・ヴェーラー（大野英二・肥前栄一訳）『ドイツ帝国 1871－1918年』未来社，1983年
エルンスト・エンゲルベルク（野村美紀子訳）『ビスマルク――生粋のプロイセン人・帝国創建の父』海鳴社，1996年
鹿島守之助『ビスマルクの外交政策』厳松堂書店，1939年
鹿島守之助『ビスマルクの平和政策』鹿島研究所出版会，1971年
加納邦光『ビスマルク』（センチュリーブックス 人と思想）清水書院，2001年
ロタール・ガル（大内宏一訳）『ビスマルク――白色革命家』創文社，1988年
木谷勤『ドイツ第二帝制史研究――「上からの革命」から帝国主義へ』青木書店，1977年
後藤新平監修『ビスマルク演説集』全3巻，ビスマルク演説集刊行会，1919年
信夫淳平『ビスマルク伝』改造社，1932年
吹田順助訳『ビスマルク書翰抄』肇書房，1944年
ジョナサン・スタインバーグ（小原淳訳）『ビスマルク』上下，白水社，2013年
田中友次郎『ビスマルクの研究』出版東京，1984年
A・J・P・テイラー（井口省吾訳）『近代ドイツの辿った道――ルターからヒトラーまで』名古屋大学出版会，1992年
時野谷常三郎『ビスマルクの外交』大八洲出版，1944年
成瀬治・山田欣吾・木村靖二編『ドイツ史 2』山川出版社，1996年
セバスティアン・ハフナー（山田義顕訳）『ドイツ帝国の興亡――ビスマルクからヒトラーへ』平凡社，1989年
望田幸男『近代ドイツの政治構造――プロイセン憲法紛争史研究』ミネルヴァ書房，1972年
望田幸男『ドイツ統一戦争――ビスマルクとモルトケ』教育社歴史新書，1979年
エミール・ルードイッヒ（中岡宏夫訳）『ビスマルク“闘ふ人”』翼書房，1941年

Althammer, Beate, *Das Bismarckreich 1971-90*, Paderborn 2009.
Bismarck, Otto, *Werke in Auswahl,* 8 Bde., Darmstadt 1962-80.
Bußmann, Walter, *Das Zeitalter Bismarcks 1852-90*, 4.Aifl., Frankfurt a.M. 1968.
Engelberg, Ernst, *Bismarck: Das Reich in der Mitte Europas*, Berlin 1990.
Hillgruber, Andreas, *Bismarcks Außenpolitik*, Freiburg 1972.
Lenz, Max, *Geschichte Bismarcks*, Leipzig 1902.
Marcks, Erich, *Bismarck: Eine Biographie 1815-1851,* Stuttgart/Berlin 1939 (1.Aufl. 1909).
Meyer, Arnold Oskar, *Bismarck: Der Mensch und der Staatsmann*, Stuttgart 1949.
Pflanze, Otto, *Bismarck and the Development of Germany*, 3 vols., Princeton 1971-90.
Taylor, A.J.P., Bismarck: *The Man and the Statesman*, London 1955.

図版出典一覧

Lothar Gall, *Bismarck: Der weiße Revolutionär,* West Germany 1980.
*7*上右, *7*下左, *72*

Bismarck: Des eisernen Kanzlers Leben in annäherend 200 Bildern nebst Einführung, Herausgegeben von Walther Stein, Germany 1915. *2, 7*上左, *7*下右, *9, 10, 13, 19, 20, 44, 47*上, *47*中, *47*下, *49*上, *49*下, *50, 63*上, *78, 81, 87*

Christian Zentner, *Illustrierte Geschichte des deutschen Kaiserreichs,* West Germany 1986. カバー裏, *63*下, *68*

ユニフォトプレス提供 カバー表, 扉

大内 宏一(おおうち こういち)
1946年生まれ
早稲田大学大学院文学研究科博士課程単位取得退学
専攻、近代ドイツ史
現在、早稲田大学名誉教授
主要著書
『ビスマルク時代のドイツ自由主義』(彩流社 2014)
主要訳書
ロタール・ガル『ビスマルク——白色革命家』(創文社 1988)

世界史リブレット人㊺

ビスマルク

2013年4月30日　1版1刷発行
2020年12月25日　1版4刷発行
著者：大内宏一《おおうちこういち》
発行者：野澤武史
装幀者：菊地信義
発行所：株式会社 山川出版社
〒101-0047　東京都千代田区内神田1-13-13
電話　03-3293-8131(営業) 8134(編集)
https://www.yamakawa.co.jp/
振替　00120-9-43993
印刷所：株式会社 プロスト
製本所：株式会社 ブロケード
 ISBN978-4-634-35065-6

世界史リブレット 人

1 ハンムラビ王 — 中田一郎
2 ラメセス2世 — 高宮いづみ・河合 望
3 ネブカドネザル2世 — 山田重郎
4 ペリクレス — 前沢伸行
5 アレクサンドロス大王 — 澤田典子
6 古代ギリシアの思想家たち — 高畠純夫
7 カエサル — 毛利 晶
8 ユリアヌス — 南川高志
9 ユスティニアヌス大帝 — 大月康弘
10 孔子 — 高木智見
11 商鞅 — 太田幸男
12 武帝 — 冨田健之
13 光武帝 — 小嶋茂稔
14 冒頓単于 — 沢田 勲
15 曹操 — 石井 仁
16 孝文帝 — 佐川英治
17 柳宗元 — 戸崎哲彦
18 安禄山 — 森部 豊
19 アリー — 森本一夫
20 マンスール — 高野太輔
21 アブド・アッラフマーン1世 — 佐藤健太郎
22 ニザーム・アルムルク — 井谷鋼造
23 ラシード・アッディーン — 渡部良子
24 サラディン — 松田俊道
25 ガザーリー — 青柳かおる
26 イブン・ハルドゥーン — 吉村武典
27 レオ・アフリカヌス — 堀井 優
28 イブン・ジュバイルとイブン・バットゥータ — 家島彦一
29 カール大帝 — 佐藤彰一
30 ノルマンディー公ウィリアム — 有光秀行
31 ウルバヌス2世と十字軍 — 池谷文夫
32 ジャンヌ・ダルクと百年戦争 — 加藤 玄
33 王安石 — 小林義廣
34 クビライ・カン — 堤 一昭
35 マルコ・ポーロ — 海老澤哲雄
36 ティムール — 久保一之
37 李成桂 — 桑野栄治
38 永楽帝 — 荷見守義
39 アルタン — 井上 治
40 ホンタイジ — 楠木賢道
41 李自成 — 佐藤文俊
42 鄭成功 — 奈良修一
43 康熙帝 — 岸本美緒
44 スレイマン1世 — 林佳世子
45 アッバース1世 — 前田弘毅
46 バーブル — 間野英二
47 大航海の人々 — 合田昌史
48 コルテスとピサロ — 安村直己
49 マキァヴェッリ — 北田葉子
50 ルター — 森田安一
51 エリザベス女王 — 青木道彦
52 フェリペ2世 — 立石博高
53 クロムウェル — 小泉 徹
54 ルイ14世とリシュリュー — 林田伸一
55 フリードリヒ大王 — 屋敷二郎
56 マリア・テレジアとヨーゼフ2世 — 稲野 強
57 ピョートル大帝 — 土肥恒之
58 コシューシコ — 小山 哲
59 ワットとスティーヴンソン — 大野 誠
60 ワシントン — 中野勝郎
61 ロベスピエール — 松浦義弘
62 ナポレオン — 上垣 豊
63 ヴィクトリア女王、ディズレーリ、グラッドストン — 勝田俊輔
64 ガリバルディ — 北村暁夫
65 ビスマルク — 大内宏一
66 リンカン — 岡山 裕
67 ムハンマド・アリー — 加藤 博
68 ラッフルズ — 坪井祐司
69 チュラロンコン — 小泉順子
70 魏源と林則徐 — 大谷敏夫
71 曾国藩 — 清水 稔
72 金玉均 — 原田 環
73 レーニン — 和田春樹
74 ウィルソン — 長沼秀世
75 ビリャとサパタ — 国本伊代
76 西太后 — 深澤秀男
77 梁啓超 — 高柳信夫
78 袁世凱 — 田中比呂志
79 宋慶齢 — 石川照子
80 近代中央アジアの群像 — 小松久男
81 ファン・ボイ・チャウ — 今井昭夫
82 ホセ・リサール — 池端雪浦
83 アフガーニー — 小杉 泰
84 ムハンマド・アブドゥフ — 松本 弘
85 イブン・アブドゥル・ワッハーブとイブン・サウード — 保坂修司
86 ケマル・アタテュルク — 設樂國廣
87 ローザ・ルクセンブルク — 姫岡とし子
88 ムッソリーニ — 高橋 進
89 スターリン — 中嶋 毅
90 陳独秀 — 長堀祐造
91 ガンディー — 井坂理穂
92 スカルノ — 鈴木恒之
93 フランクリン・ローズヴェルト — 久保文明
94 汪兆銘 — 劉 傑
95 ヒトラー — 木村靖二
96 ド・ゴール — 渡辺和行
97 チャーチル — 木畑洋一
98 ナセル — 池田美佐子
99 ンクルマ — 砂野幸稔
100 ホメイニー — 冨田健次

〈シロヌキ数字は既刊〉